西南政法大学公共管理学科 2013 年重庆市"三特行动计划"特色专业建设项目（行政管理）、2014 年中央财政支持地方高校发展专项资金项目（公共管理）、国家自然科学基金项目"专利维持机理及维持规律实证研究"（项目编号：71373221）研究成果

IP 知识产权专题研究书系

ZHISHICHANQUAN GUANLI ZHUANTI YANJIU

知识产权管理专题研究

乔永忠　著

知识产权出版社

全国百佳图书出版单位

图书在版编目（CIP）数据

知识产权管理专题研究/乔永忠著. —北京：
知识产权出版社，2015.12
　　ISBN 978-7-5130-4005-1

　　Ⅰ. ①知… Ⅱ. ①乔… Ⅲ. ①知识产权—管理—研究—中国 Ⅳ. ①D923.404

中国版本图书馆CIP数据核字(2015)第309616号

责任编辑：刘　睿　刘　江　　　　　　　**责任校对：谷　洋**
特约编辑：李　娇　　　　　　　　　　　**责任出版：刘译文**

知识产权管理专题研究

乔永忠　著

出版发行：**知识产权出版社**有限责任公司		网　　址：http://www.ipph.cn
社　　址：北京市海淀区马甸南村1号（邮编：100088）		天猫旗舰店：http://zscqcbs.tmall.com
责编电话：010 - 82000860 转 8113		责编邮箱：liurui@cnipr.com
发行电话：010 - 82000860 转 8101/8102		发行传真：010 - 82000893/82005070/82000270
印　　刷：保定市中画美凯印刷有限公司		经　　销：各大网上书店、新华书店及相关专业书店
开　　本：880 mm× 1230 mm 1/32		印　　张：8
版　　次：2015 年12月第一版		印　　次：2015 年12月第一次印刷
字　　数：154 千字		定　　价：26.00元

ISBN 978-7-5130-4005-1

前　言

　　政策是政府在特定时期通过对社会各种利益的选择和整合，促进社会利益公平和有效分配过程中制定的行为准则。知识产权政策是指政府在特定时期选择和整合与知识产权相关利益，公平和有效分配相关利益过程中制定的行为规范。本书包括的政府资助科技项目知识产权管理、促进战略性新兴产业发展知识产权管理和知识产权保护水平评价指标体系三个问题均属于不同领域的知识产权政策管理问题。首先，政府资助科技项目的研发和管理体制是科技体制改革的重要组成部分，该体制的运行效率直接影响整个科技体制改革的进程。而政府资助科技项目知识产权的归属和管理情况，对相关知识产权的产出、运用和保护非常重要。其次，战略性新兴产业是对国民经济和社会发展具有战略支撑作用，最终成为主导产业和支柱产业的新兴业态。加快培育和发展战略性新兴产业对推进我国经济发展具有重要意义。战略性新兴产业集中体现了新兴科技和新兴产业的深度融合，未来发展高度依赖知识产权的创造、运用、保护和管理。再次，知识产权保护是一个与立法、司法和执法等因素相关的复杂问题，直接度量知识产权保护强度存在一定的难度，一直以来缺乏合理指标和方法对其进行测定。构建较为科学的知识产权保护水平评价指标体系，通过评价知识产权保护水平促进我国经济增长、技术创新、社会福利及外商直接投资等具有重要意义。本书试图通过对三个知识产权政策管理相关问题的研究，为解决我国不同领域知识产权问题提供一些视角。

本书在重庆市科学技术委员会软科学项目"重庆市政府资助科技项目知识产权管理调查研究"和"促进重庆市战略性新兴产业发展的知识产权管理制度研究"以及重庆市知识产权专项资金项目"知识产权保护水平评价指标体系研究"研究成果基础上整理而成。同时本书的出版得到西南政法大学公共管理学科2013年重庆市"三特行动计划"特色专业建设项目（行政管理）、2014年中央财政支持地方高校发展专项资金项目（公共管理）的资助支持以及国家自然科学基金项目"专利维持机理及维持规律实证研究"（项目编号：71373221）的资助。

由于作者学识和时间所限，本书难免存在不当之处，敬请各位专家、学者、同仁等广大读者不吝赐教，提出批评指正，以便完善和修订。

目　录

专题一
政府资助科技项目知识产权管理调查研究[*]
——以重庆市为例

    2009年1月26日国务院发布的《推进重庆统筹城乡改革发展的若干意见》明确提出，"加快科技创新中心建设，设立重庆统筹城乡科技改革与创新综合试验区；深化科技体制改革，积极营造促进产学研合作的政策环境"。2009年2月17日召开的重庆市政府第30次常务会审议通过的《重庆市人民政府关于创建知识产权保护模范城市的意见》提出，"力争用5年时间，建立促进发展的知识产权新体系，构建激励创新的知识产权新机制，营造安商助商的知识产权新环境，使重庆成为创新活力强劲、运用成效显著、保护水平一流、管理体系高效的知识产权保护模范城市"。2010年8月重庆市人民政府办公厅印发的《重庆市重大经济活动专利特别审查实施办法》（以下简称《特别审查实施

---

    * 本部分内容为重庆市科学技术委员会软科学项目"重庆市政府资助科技项目知识产权管理调查研究"（项目编号：2009YK0303）部分研究成果。

办法》）第2条规定："使用财政及国有资金、涉及国有资产数额巨大或对我市经济社会发展影响较大的重大经济活动应当进行专利特别审查。"可见，在实施国家知识产权战略的大背景下，重庆市对知识产权的创新活力、运用成效、保护水平和管理体系提出了更高的要求。

政府资助科技项目的研发和管理体制是科技体制改革的重要组成部分，该体制的运行效率直接影响整个科技体制改革的进程。而政府资助科技项目知识产权的归属和管理情况，对相关知识产权的产出、运用和保护非常重要。它不但影响重庆市创建知识产权保护模范城市的成效，而且直接影响整个科技体制改革的深化。因此，研究重庆市政府资助科技项目知识产权归属和管理情况，分析其中存在的问题，探索提高重庆市政府科研经费使用效率的对策，对解决该类知识产权管理中存在的问题，切实贯彻上述两个"意见"和一个《特别审查实施办法》都具有非常重要的意义。

一、政府资助科技项目知识产权管理理论及政策

（一）相关概念界定

1.政府财政资助机构

政府财政资助机构是指代表政府将科研经费资助到有关企业、科研机构、高等院校的国家机关或者部门，如政府科技部（委）主管司（中心）或者政府科技部（委）授权的领域专家委员会（组）等。

2.项目承担单位

项目承担单位是指承担政府财政资助科技项目的单位，如《关于国家科研计划项目研究成果知识产权管理若干规定的通知》《关于加强国家科技计划知识产权管理工作的规定》《国家高技术研究发展计划知识产权管理办法（试行）》和《关于加强与科技有关的知识产权保护和管理工作的若干意见》等规定的承担政府财政资助科技项目的单位。

3.政府财政资助的科技项目

政府财政资助的科技项目主要指政府科技计划项目和自然科学基金项目。现行国家科技计划项目包括国家科技支撑计划、国家高技术研究发展计划（863计划）、国家重点基础研究发展计划（973计划）、科技

基础条件平台建设计划、政策引导类科技计划（如星火计划、火炬计划、国际科技合作计划）以及其他计划（国家重点实验室计划、国家软科学研究计划、科技成果重点推广计划、科技贸易行动计划和科研院所技术开发专项、国务院其他部委以及地方政府资助的相关科研计划项目等）。

（二）美日及我国台湾地区政府资助科技项目知识产权管理制度

1.美日政府资助科技项目知识产权管理立法政策

（1）美国政府资助科技项目知识产权管理立法：《拜杜法案》。20世纪80年代以前，美国联邦政府专利政策存在联邦各机构专利政策不统一、政府资助科技项目的专利权由联邦政府掌握、联邦政府采取专利非独占许可方式等缺陷。资助科研成果的专利权不属于大学和研究机构等创新主体，使得技术转移缺乏积极性，因为创新主体企业获得的专利许可大多是非独占性的，难以取得市场垄断地位。为此，美国于1980年通过《拜杜法案》。该法案规定国会对联邦政府资助的科技项目权利归属的政策和目标，即利用专利制度促进联邦资助研发所完成发明的利用；鼓励小企业最大限度地参与联邦资助的研发活动；促进商业机构和非营利性机构（包括大学）之间的合作；在不过分阻碍后续研究和发现的前提下，确保非营利性机构和小企业所完成的发明被用于促进自由竞争和企业发展；促进美国产业和工人在美国完成发明的商业化和公众可用性；确保政府对联邦资助发明享有充分的权利，以满足政府需要和保护公众免受发明不使用或不合理使用带来的损失；最大限度地降低本领域政策管理的成本。《拜杜法案》大幅度提高了大学等研究机构进行研发和技术转移活动的积极性，从而使专利申请量和授权量不断攀升，专利转化率也大幅增加。《拜杜法案》为美国技术进步和经济发展作出了重要贡献，对其在20世纪90年代重新树立世界范围的技术和经济的领先地位发挥了重要作用。《拜杜法案》是美国有关政府资助科技项目知识产权管理的立法里程碑，曾被认为是促进美国大学专利及其许可增长的催化剂，其实施效果取得了巨大的成功。

（2）日本政府资助科技项目知识产权管理立法：《产业活力再生特别措施法（1999）》。20世纪80~90年代，日本为了打破产业空洞化等经济困境，提高产业发展水平，效仿美国《拜杜法案》，制定相关法律和政策。《科学技术基本法（1995）》提出"科技创新立国"的基本国策。《科学技术基本计划（1996）》规定：国立科研机构的发明人与国家共享研究成果的专利权、实用新型权，并允许发明人用自己研究开发的成果创办企业。《经济结构的变革和创造之行动计划

（1997）》规定：加强知识产权保护，促进专利流通，移转和活用大学、研究机构研究成果。《大学等技术转移促进法（1998）》鼓励大学设立技术转移机构，推进研究成果商业化。还有《关于促进大学等的技术研究成果向民间事业者转移的法律（1999）》。被誉为日本版"拜杜法案"的《产业活力再生特别措施法（1999）》第30条规定："（1）为研究开发以及成果的商业化，受国家委托项目产生的研究成果（以下称'特定研究成果'）的相关专利权等权利（以下称'专利权等'），在以下几个条款中，国家不能从受委托方承继该权利：①特定研究成果取得后，受委托方必须及时向国家有关部门汇报；②由于国家公共利益的需要并且阐明了必要的理由，可以将该专利权的使用权无偿许可给国家使用；③该专利权在一定期间没有使用，而且对于没有使用无正当理由的，国家为了促进该专利的使用且阐明了必要理由的，可以许可第三方使用该专利权。（2）前款规定，同样适用以下情况，即受委托者利用国家资助资金将研究开发项目的一部分或全部委托其他法人单位研究时。（3）前款提到的法人，在适用第（1）款中①、②项寻求国家许可时，必须符合国家的相关要求。"

2.我国台湾地区政府资助科技项目知识产权管理立法

为了建立并完善科技项目相关法律制度，规范研发成果的管理与运用，我国台湾地区颁布"科学技术基本法（1998）""政府科学技术研究发展成果归属及运用办法（2000）""经济部及所属各机关科学技术委托或补助研究发展计划研发成果归属及运用办法（2000）""'行政院'农业委员会科学技术研究发展成果归属及运用办法（2001）"等相关规定。"政府科学技术研究发展成果归属及运用办法（2000）"规定：资助机关补助、委办或出资之科学技术研究发展所获得之研发成果，除经资助机关认定归属于政府所有者外，归属研究机构或企业所有。❶

（三）我国政府资助科技项目知识产权管理相关政策及立法沿革

依据国家财政资助科技项目完成的发明创造的权利归属原则，可以将我国改革开放以来的相关知识产权管理政策的发展分为五个阶段。第一阶段（1984~1994年）：行政规章规定政府资助科技项目知识产权归国家所有。《关于科学技术研究成果管理的规定（试行）（1984）》规定：科技成果是国家的重要财富，全国各有关单位都可利用它所需要的科技成果，一切成果的完成单位都有向其他单位交流、推广（或转让）本

---

❶ 朱雪忠、乔永忠等：《国家财政资助发明创造专利权归属研究》，法律出版社2009年版，第1~18页。

单位科技成果的义务，绝不允许封锁和垄断。《国家科委"863"计划科技成果管理暂行规定（1989）》规定："863"项目完成的发明创造系职务发明创造，其所有权属于国家；其使用权和转让权由完成成果的单位持有，该成果使用权和转让权的持有单位转让或者许可他人使用时，须经国家科委等有关部门批准。第二阶段（1994~2000年）：合同约定政府资助科技项目知识产权归属。《国家高技术研究发展计划知识产权管理办法（试行）（1994）》规定：执行"863"计划项目，由国家科委主管司（中心）或者国家科委授权的领域专家委员会（组）为委托方，项目承担单位为研究开发方，签订委托技术开发合同，并在合同中依照本办法规定，约定有关知识产权的归属和分享办法。第三阶段（2000~2002年）：行政规章规定政府资助科技项目知识产权归项目承担单位所有，特殊情况并约定的除外。《关于加强与科技有关的知识产权保护和管理工作的若干意见（2000）》指出：逐步调整科技成果的知识产权归属政策，除以保证重大国家利益、国家安全和社会公共利益为目的，并由科技计划项目主管部门与承担单位在合同中明确约定外，执行国家科技计划项目所形成科技成果的知识产权，可以由承担单位所有。第四阶段（2002~2008年）：行政规章规定政府资助科技项目知识产权归项目承担单位所有，特殊情况除外。《关于国家科研计划项目研究成果知识产权管理的若干规定（2002）》规定：科技项目研究成果及其形成的知识产权，除涉及国家安全、国家利益和重大社会公共利益的以外，国家授予科技项目承担单位。项目承担单位可以依法自主决定实施、许可他人实施、转让、作价入股等，并取得相应的收益。同时，在特定情况下，国家根据需要保留无偿使用、开发、使之有效利用和获取收益的权利。《关于加强国家科技计划知识产权管理工作的规定（2003）》规定：科技行政管理部门在下达任务书或签订合同时，对涉及国家安全、国家利益和重大社会公共利益的项目，应当明确约定国家对研究成果拥有的权利，并指定机构负责成果及其知识产权的管理，同时保障研究开发人员根据法律法规和政策应当享有的精神权利、奖励和报酬。❶ 第五阶段（2008年至今）：法律规定政府资助科技项目知识产权归项目承担单位所有，特殊情况除外。《中华人民共和国科学技术进步法（2007）》第20条规定：利用财政性资金设立的科学技术基金项目或者科学技术计划项目所形成的发明专利权、计算机软件著作权、集成电路布图设计专有权和植物新品种权，除涉及国家安全、国

---

❶ 乔永忠、万小丽："我国国家资助科研项目发明创造归属政策绩效分析"，载《科技进步与对策》2009年第7期，第91~94页。

家利益和重大社会公共利益以外，授权项目承担者依法取得；项目承担者应当依法实施前款规定的知识产权，同时采取保护措施，并就实施和保护情况向项目管理机构提交年度报告；在合理期限内没有实施的，国家可以无偿实施，也可以许可他人有偿实施或者无偿实施；项目承担者依法取得的本条第一款规定的知识产权，国家为了国家安全、国家利益和重大社会公共利益的需要，可以无偿实施，也可以许可他人有偿实施或者无偿实施；项目承担者因实施本条第一款规定的知识产权所产生的利益分配，依照有关法律、行政法规的规定执行；法律、行政法规没有规定的，按照约定执行。另外，《国家科技重大专项知识产权管理暂行规定（2010）》规定："重大专项产生的知识产权，其权利归属按照下列原则分配：（一）涉及国家安全、国家利益和重大社会公共利益的，属于国家，项目（课题）责任单位有免费使用的权利；（二）除第（一）项规定的情况外，授权项目（课题）责任单位依法取得，为了国家安全、国家利益和重大社会公共利益的需要，国家可以无偿实施，也可以许可他人有偿实施或者无偿实施。项目（课题）任务合同书应当根据上述原则对所产生的知识产权归属作出明确规定。属于国家所有的知识产权管理办法另行规定。牵头组织单位或其指定机构对属于国家所有的知识产权负有保护、管

理和运用的义务。"❶

（四）重庆市对政府资助科技项目知识产权管理的相关规定

重庆市没有关于政府资助科技项目知识产权管理的专门性政策规定，一些间接的相关规定散见于下列文件中。《重庆市科技创新促进条例》第27条规定：高等学校、利用财政性资金设立的科研机构以技术转让方式将职务科技成果提供给他人实施的，可以从技术转让所得的净收入中提取不低于20%，最高不超过70%的比例，用于一次性奖励科技成果完成人和为科技成果转化作出重要贡献的人员；采用股份制形式实施转化的，可以将科技成果形成股权的不低于20%，最高不超过70%奖励给科技成果完成人和为科技成果转化作出重要贡献的人员。高等学校、科研机构承担政府科技项目所形成的职务科技成果，在一年内未实施转化的，在不变更职务科技成果权属的前提下，科技成果完成人可以创办企业自行转化或者以技术入股在本市进行产业化转化，并最高可以享有该科技成果在企业中股权的70%。该条虽然规定的是政府财政资助完成科技成果转化过程中科技成果完成人和为科技成果转化作出重要贡献的人员利益保护

---

❶　朱雪忠、乔永忠等：《国家财政资助发明创造专利权归属研究》，法律出版社2009年版，第1~18页。

问题，但实质上包含对其从知识产权获得收益的规定。《重庆市重大科技专项管理实施细则（试行）》第44条规定：重大专项项目所取得的成果和知识产权的归属按任务书约定执行；论文、专著、软件、数据库等应标注"重庆市重大科技专项经费资助"。这一规定规范了重大科技专项完成的知识产权的归属及其标注问题。《重庆市自然科学基金管理办法》第28条规定：基金项目形成的资产（包括固定资产、无形资产和知识产权等），按国家有关规定进行管理。《重庆市自然科学基金计划项目管理办法（2007年修订）》第37条规定：加强知识产权保护工作，项目组在项目实施过程中，对能形成自主知识产权的发明创造、科学发现等应及时申请专利进行保护。这两项规定规范了对重庆市自然科学基金资助项目完成的知识产权保护问题。

通过以上分析可以得出如下结论。首先，国外多数国家均有规范政府资助科技项目完成知识产权管理的立法或政策，美国和日本尤为重视；其次，我国台湾地区对政府资助科技项目完成知识产权的立法及相关政策比较完善；再次，我国大陆地区关于政府资助科技项目完成知识产权管理的政策或立法经历了五个发展阶段，日趋完善，但仍然存在一些问题；最后，重庆地区对政府资助科技项目完成知识产权管理没有专门的规范性政策，相关少数间接规定散见于相关规章制度中。

二、政府资助科技项目知识产权管理调查设计
——以重庆市为例

为了掌握重庆市项目承担单位对政府资助科技项目完成的知识产权管理的相关情况，为政府相关机构制定政策提供具有一定价值的参考建议，本课题组在第一部分关于政府资助科技项目知识产权管理相关理论研究的基础上，针对重庆市部分项目承担者对其承担的科技项目完成的知识产权管理情况进行了调研。

（一）调查问卷设计

本调查问卷将政府财政资助科技项目完成知识产权管理问题划分为以下五类：（1）项目承担单位的性质和规模；（2）项目承担单位关于政府资助科技项目知识产权管理制度、机构设置和人员配置；（3）政府资助科技项目的投入规模及模式、产出形式及数量、实施方式及获益；（4）政府资助科技项目知识产权的获取、维持和放弃；（5）政府资助科技项目知识产权管理的其他事项。具体调查问卷如下。

政府资助科技项目知识产权管现状调查问卷

答题说明：请将你认为正确的选项代码填写在题后

的括号内。

一、项目承担单位的性质和规模

1．项目承担单位的性质。（　　）

A.高等院校　　B.科研院所

C.国有企业　　D.私营企业

E.合资企业　　F.政府机关　　G.其他

2．项目承担单位的规模。（　　）

A.1 000人以下　　　　B.1 000~5 000人

C.5 000~10 000人　　D.10 000人以上

二、项目承担单位关于政府资助科技项目知识产权管理制度、机构设置和人员配置

3.项目承担单位是否制定专门的政府资助科技项目知识产权管理制度？（　　）

A.有　　B.无　　C.正在制定

4.项目承担单位是否有专门规范政府和项目承担单位的利益协调的条款？（　　）

A.有　　B.无　　C.正在制定

5.项目承担单位是否有专门规范参与资助或研究第三方的利益协调条款？（　　）

A.有　　B.无　　C.正在制定

6.项目承担单位是否设置相关知识产权管理机构？（　　）

A.没有相关机构

B.委托外部专业机构处理相关事宜

C.公司其他部门兼顾

D.有专职部门负责

7．项目承担单位是否配备相关知识产权管理人员？
（　）

A.有专职知识产权管理人员

B.无专职知识产权管理人员，但有兼职人员

C.无

三、政府资助科技项目的投入规模及模式、产出形式及数量、实施方式及获益

8.2006~2010年接受过政府资助科技项目的级别和金额（可多选）。（　）

A.国家级（　万）　　　B.部级（　万）

C.省级（　万）　　　　D.（直辖）市级（　万）

9.2006~2010年接受过政府资助科技项目的模式及金额（可多选）。（　）

A.政府独立资助（　万）

B.政府资助（　万），单位出资（　万）

C.政府资助（　万），单位出资（　万），第三方资助（　万）

D.政府资助（　万），单位出资（　万），第三方参与研究

E.政府资助（　万），单位出资（　万），第三方参与

研究，且出资（　万）

　　F.其他

　　10. 2006~2010年接受过政府资助的知识产权产出形式及数量（可多选）。（　　）

　　A.发明专利（　件）　　　　B.实用新型专利（　件）

　　C.外观设计专利（　件）　　D.计算机软件（　件）

　　E.集成电路布图设计（　件）F.植物新品种（　件）

　　G.商业秘密（　件）　　　　H.其他

　　11. 2006~2010年接受过政府资助的知识产权运用形式及数量（可多选）。（　　）

　　A.自己实施（获益　万）　B.许可（获益　万）

　　C.转让（获益　万）　　　D.质押（获益　万）

　　E.出资（获益　万）

　　12. 政府资助科技项目完成的知识产权运用的障碍。（　　）

　　A.缺乏实用性

　　B.知识产权工作与生产经营脱节

　　C.许可或转让渠道不畅

　　D.技术超前，应用和市场有待开发

　　E.单位内部缺乏相关制度、机构和专业管理人员推动

四、政府资助科技项目知识产权的获取、维持和放弃

　　13.在申报科技项目前是否进行专利检索。（　　）

　　A.是（　），做法：（a）自己进行；（b）委托代理

机构；（c）委托专利局

B.否（　），因为：（a）不知道为什么要检索；（b）检索用处不大

14.政府资助科技项目完成发明创造获得授权专利平均维持时间。（　）

A.1年以内（　件）

B.1年以上，3年以下（　件）

C.3年以上，6年以下（　件）

D.6年以上（　件）

15.政府资助科技项目完成发明创造获得授权专利维持费用的来源。（　）

A.项目经费

B.项目承担单位的专门专利维持经费

C.发明人自费

D.社会资助

16.对于授权专利，项目承担单位是否定期对维持或放弃该专利权进行审查？（　）

A.是（　），做法：（a）有明确的标准，由专门机构进行；（b）有明确的标准，主管部门提出意见后领导决定；（c）没有明确的标准，视具体情况而定

B.否（　），因为：（a）不知道这是专利管理的内容；（b）专利申请重点是取得授权，授权后没有具体考虑；（c）授权专利都不应放弃

五、政府资助科技项目知识产权管理的其他事项

17.项目承担单位是否规定发明创造完成后发表论文与申请专利的关系？（　）

A.是（　），做法：(a) 必须先申请专利，再发表论文；(b) 发表论文与申请专利可同时进行，但不得破坏申请专利的新颖性

B.否（　），因为：(a) 发明人的利益难以平衡；(b) 此规定意义不大

18. 政府资助科技项目完成的知识产权是否涉及诉讼？（　）

A.有（　项，占其获得政府资助科技项目的　%)

B.无

19. 你认为加强政府资助科技项目知识产权的管理，从单位内部看最需要解决的问题是（可多选）？（　）

A.建立健全相关知识产权规章制度

B.建立相应知识产权管理机构

C.充实知识产权管理人员，提高业务素质

D.加强员工培训，提高知识产权意识

E.加大知识产权管理资金投入

F.项目承担单位领导重视

G._____

20.你认为加强政府资助科技项目知识产权的管理，

从外部环境看最需要采取的措施是（可多选）？（　　）

A.完善国家政策法规对政府资助科技项目知识产权管理的规范

B.加强政府资助科技项目知识产权管理的宣传

C.提供有关政府资助科技项目知识产权管理指南

D.强化政府相关业务部门对项目承担单位知识产权管理工作的指导和监督

E._____

（二）调查对象选取

以重庆市科委发布的2008～2009年度攻关项目和自然科学基金项目的项目承担者为调查对象，通过发放问卷及个别电话调查，回收有效问卷共172份。❶

本次调查将项目承担者划分为高等院校、科研院所、国有企业、私营企业、政府机关和其他机构六类，具体分布情况如图1-1所示。❷从图1-1中可以看出，本次调查回收的问卷中，高等院校的比例占一半以上

---

❶　因为有些项目承担者对其单位有些情况不够了解，所以问卷中个别选项的总数不足172项。

❷　因为政府机关和其他机构的样本数量较少，不便分析，所以在本报告相关研究中仅分析高等院校、科研院所、国有企业和私营企业四种创新主体的相关情况，这样可能会出现四种创新主体有些变量的总和小于总体样本数量的情况。

（60%），其次是科研院所（17%），再次是国有企业（10%）和私营企业（7%）。这说明高等院校获得政府资助科技项目的比例较高，同时也体现出高等院校对本次调查活动的支持率较高。这也说明其他类型的项目承担者获得的政府资助项目的比例较低，参与本次调查活动的积极性比较有限。或许这也从一定层面上反映了不同类型项目承担者对政府资助科技项目的管理水平。

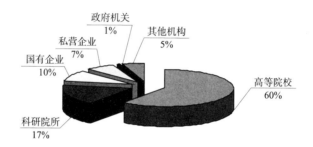

图1-1 调查对象所属机构分类及其比例

三、政府资助科技项目专利管理机制实证研究
——以重庆市为例

国家科技项目的知识产权相关政策在促进技术创新和提高经济竞争力方面，呈现出越来越重要的战略性作用。❶ 完善政府财政资助科技项目获得知识产权管理制度是国家创新计划和国家知识产权战略的重要组成部分，对我国创新型国家建设具有重要意义。我国虽然没有类似于美国《拜杜法案》的法律规范国家财政资助科技项目完成发明创造获得知识产权的管理等问题，但《科学技术进步法》相关条款❷以及类似的部门规章为规范我国政府资助科技项目的相关知识产权管理发挥着重要作用。因为国家科技项目获得知识产权的管理水平影响科技计划的顺利完成和科技成果的转化效率，❸ 所以必须有效利用科技计划对科技创新资源的引导与配置作用，提高科技计划项目中知识产权管理的科学化与规

---

❶ 袁晓东："论我国科技项目中的知识产权政策"，载《科学学研究》2006年第1期，第36~41页。

❷ 乔永忠、朱雪忠："利用财政性资金形成科研成果的知识产权问题研究——兼评新修订的《科学技术进步法》第20条和第21条"，载《科技与法律》2008年第6期，第21~24页。

❸ 顾金亮："国家科技计划知识产权管理的中美比较"，载《中国软科学》2004年第4期，第12~17页。

范化。❶也有学者提出，以市场运作模式对知识产权进行管理，完善我国政府资助研究知识产权管理制度。❷然而，政府资助科技项目完成知识产权特别是专利的管理机制如何、存在哪些问题、严重程度如何，至今很少见到这方面的实证研究成果。本书根据研究条件，选择科技项目申报前的"专利检索情况"、完成过程中的"专利申请与发表论文的关系"、科技项目完成的专利获得授权后的"维持或放弃审查问题"和科技项目获得专利的"维持时间及维持费来源"四个比较典型的问题，通过对重庆市接受政府财政资助科技项目的项目承担者进行问卷调查分析，以期发现问题，提出对策，为完善我国政府资助科技项目完成发明创造获得专利的管理机制提供参考。

（一）科技项目申报前专利检索及其途径

立项管理是整个科技管理的源头，立项是否科学合理，直接影响科研工作的起点及技术专利化、市场化的效率。❸科技项目申报前，是否进行专利检索，如何检

❶ 王雪原、王宏起："科技计划项目知识产权管理研究"，载《科学管理研究》2007年第6期，第105~109页。
❷ 郑玲、赵小东："政府资助研发成果知识产权管理制度探析"，载《知识产权》2006年第5期，第42~45页。
❸ 杨晨、朱国军："立项阶段国家科技计划知识产权管理的制度创新"，载《中国科技论坛》2006年第2期，第48~52页。

索，或者检索的精确度如何，将对科技项目专利产出产生重要影响，甚至决定将来是否对他人专利产生侵权及侵权程度，还有可能导致相关科技项目产生的科研成果因侵犯他人专利而无法运用，无法为相关主体带来经济利益。

1.专利检索情况

参与本次调查的项目承担者在科技项目申报前的专利检索情况（见表1-1）表明，在政府资助科技项目申报前，88.3%的项目承担者进行专利检索，只有11.7%的项目承担者不进行专利检索。不同类型项目承担者的专利检索率高低顺序依次为国有企业（100%）、私营企业（90.9%）、高等院校（88.8%）、科研院所（81.5%）。该结果说明，项目承担者总体专利意识较高，但不同类型项目承担者专利检索意识存在一定差异：企业比高等院校和科研院所更加重视专利检索。

表1-1 项目承担者申报科技项目前的专利检索率情况

	总体		高等院校		科研院所		国有企业		私营企业	
	数量（份）	百分比（%）	数量（份）	百分比（%）	数量（份）	百分比（%）	数量（份）	百分比（%）	数量（份）	百分比（%）
检索	143	88.3	87	88.8	22	81.5	14	100.0	10	90.9
不检索	17	11.7	11	11.2	5	18.5	0	0	1	9.1
总计	160	100.0	98	100.0	27	100.0	14	100.0	11	100.0

2.专利检索途径

专利检索途径的差异在很大程度上反映了项目承担者的专利检索能力。项目承担者申报科技项目前进行专利检索途径情况（见表1-2）显示，尽管项目承担者在申报科技项目前对专利的检索率很高，真正自己检索的项目承担者比例却并不是很高，仅占其总量的47.3%，而50.4%的项目承担者需要委托代理机构，2.3%的项目承担者委托专利局检索。不同类型项目承担者自己进行专利检索的比例依次为高等院校（51.8%）、科研院所（50.0%）、国有企业（35.7%）和私营企业（20.0%）。这也反映了不同类型项目承担者专利检索能力的差异。

表1-2　申报科技项目前进行专利检索途径

	总体		高等院校		科研院所		国有企业		私营企业	
	数量（份）	百分比（%）	数量（份）	百分比（%）	数量（份）	百分比（%）	数量（份）	百分比（%）	数量（份）	百分比（%）
自己检索	61	47.3	43	51.8	11	50.0	5	35.7	2	20.0
委托代理机构	65	50.4	37	44.6	11	50.0	9	64.3	8	80.0
委托专利局	3	2.3	3	3.6	0	0	0	0	0	0
总计	129	100.0	83	100.0	22	100.0	14	100.0	10	100.0

可见，参与调查的项目承担者中，企业的专利检索意识较高，但其专利检索能力较低；高等院校和科研院所的

专利检索意识相对较低，但其专利检索能力相对较高。

（二）科技项目完成过程中发表论文与申请专利的关系

在现有科技人员评价机制引导下，作为从事政府资助科技项目中完成发明创造的发明人，尤其是高等院校和科研院所从职人员，是先发表学术论文，还是先申请专利，经常会出现矛盾。这一矛盾处理不好，可能会导致一些专利申请因丧失新颖性而无法获得专利授权，导致专利产出率下降。

1. 发表论文与申请专利的关系

参与本次调查的项目承担者规范发表论文与申请专利关系的规定情况（见表1-3）显示，65.5%的项目承担者规定了发表论文与申请专利的关系，其余项目承担者没有规定。其中有此项规定的项目承担者占其总数的比例高低顺序依次是国有企业（86.7%）、科研院所（69.2%）、高等院校（63.8%）、私营企业（40.0%）。可见，不同类型项目承担者对科技项目中形成的科研成果是先发表论文，还是先申请专利的规定，存在较大差异。值得一提的是，对发表论文与申请专利的关系进行规范的高等院校和科研院所比例不是很高，这说明其对该问题重视不够。

表1-3 发表论文与申请专利关系的情况

	总体		高等院校		科研院所		国有企业		私营企业	
	数量（份）	百分比（%）	数量（份）	百分比（%）	数量（份）	百分比（%）	数量（份）	百分比（%）	数量（份）	百分比（%）
规定	95	65.5	60	63.8	18	69.2	13	86.7	4	40.0
不规定	50	34.5	34	36.2	8	30.8	2	13.3	6	60.0
总计	145	100.0	94	100.0	26	100.0	15	100.0	10	100.0

2. 规范发表论文与申请专利关系的模式

虽然65.5%的项目承担者规范了发表论文与申请专利的关系，但其规范模式（见表1-4）显示，除了国有企业外，两种模式的选择率相近，即"必须先申请专利，再发表论文""发表论文与申请专利可同时进行"两种模式的选用率相当。这说明规范发表论文与申请专利关系的模式差异较大。

表1-4 规范发表论文与申请专利关系的模式

	总体		高等院校		科研院所		国有企业		私营企业	
	数量（份）	百分比（%）	数量（份）	百分比（%）	数量（份）	百分比（%）	数量（份）	百分比（%）	数量（份）	百分比（%）
模式1	52	54.7	30	52.6	9	52.9	9	69.2	2	50.0
模式2	43	45.3	27	47.4	8	47.1	4	30.8	2	50.0
总计	95	100.0	57	100.0	17	100.0	13	100.0	4	100.0

模式1：必须先申请专利，再发表论文；模式2：发表论文与申请专利可同时进行，但不得破坏申请专利的新颖性。

3. 不规定发表论文与申请专利关系的理由

根据表1-3,34.5%的项目承担者没有规定发表论文与申请专利的关系。对其不规定发表论文与申请专利关系的理由的调查结果(见表1-5)显示,认为此项规定意义不大的问卷,占有效问卷总数的83.3%,只有16.7%的问卷认为不进行此规定的原因是发明人利益难以平衡。其中科研院所、国有企业和私营企业全部认为此规定意义不大,而高等院校有75.0%的问卷认为此规定意义不大,其余问卷则认为发明人利益难以平衡。可见,绝大多数项目承担者没有认识到发表论文对申请专利新颖性的破坏作用,这又从专利新颖性的角度说明项目承担者的专利意识较低。这可能导致相当数量的发明创造因新颖性问题而无法获得专利授权。

表1-5　不规定发表论文与申请专利关系的理由

	总体		高等院校		科研院所		国有企业		私营企业	
	数量(份)	百分比(%)	数量(份)	百分比(%)	数量(份)	百分比(%)	数量(份)	百分比(%)	数量(份)	百分比(%)
发明人利益难以平衡	7	16.7	7	25.0	0	0	0	0	0	0
此规定意义不大	35	83.3	21	75.0	7	100.0	2	100.0	5	100.0
总计	42	100.0	28	100.0	7	100.0	2	100.0	5	100.0

（三）对科技项目获得专利的维持定期审查

专利维持是指在专利法定保护期内，专利权人依法向专利行政部门缴纳规定数量维持费使专利继续有效的过程。对专利持有者而言，维持应该维持的专利，放弃应该放弃的专利是一个说起来简单，做起来复杂的重要问题。往往因项目承担者的专利管理机制不够完善，一些应该维持的专利被过早放弃，一些应该放弃的专利却花费相当数量的维持费继续维持，政府资助科技项目获得的专利尤其如此。

1.专利维持定期审查

项目承担者定期对专利维持或放弃进行审查情况（见表1-6）显示，有63.8%的项目承担者对专利维持或放弃进行定期审查，36.2%的项目承担者对专利维持或放弃不进行定期审查。其中对专利维持或放弃进行定期审查的项目承担者占该类型项目承担者总数的比例从高到低的顺序依次为私营企业（90.0%）、国有企业（71.4%）、科研院所（65.4%）和高等院校（59.1%）。可见，企业特别是私营企业更注重专利维持的效率问题，而科研院所和高等院校对此问题的重视程度相对较低。

表1-6 项目承担者对专利维持或放弃进行定期审查情况

	总体		高等院校		科研院所		国有企业		私营企业	
	数量（份）	百分比（%）	数量（份）	百分比（%）	数量（份）	百分比（%）	数量（份）	百分比（%）	数量（份）	百分比（%）
审查	88	63.8	52	59.1	17	65.4	10	71.4	9	90.0
不审查	50	36.2	36	40.9	9	34.6	4	28.6	1	10.0
总计	138	100.0	88	100.0	26	100.0	14	100.0	10	100.0

2.专利维持定期审查方式

项目承担者对专利维持或放弃进行定期审查方式分布如表1-7所示。

表1-7 项目承担者对专利维持或放弃定期审查方式

	总体		高等院校		科研院所		国有企业		私营企业	
	数量（份）	百分比（%）	数量（份）	百分比（%）	数量（份）	百分比（%）	数量（份）	百分比（%）	数量（份）	百分比（%）
审查方式1	40	47.0	27	54.0	4	25.0	3	27.3	6	75.0
审查方式2	18	21.2	7	14.0	5	31.3	5	45.5	1	12.5
审查方式3	27	31.8	16	32.0	7	43.8	3	27.3	1	12.5
总计	85	100.0	50	100.0	16	100.0	11	100.0	8	100.0

审查方式1：有标准，由专门机构审查；审查方式2：有标准，主管提建议，领导决定；审查方式3：无标准，视情况而定。

从表1-7可以看出，有标准、由专门机构进行审查的比例较高（47.0%）；无标准、视情况而定的审查方式次之（31.8%）；有标准、主管提建议、领导决定的审查方式所占比例最低（21.2%）。其中私营企业和高等院校以"有标准、由专门机构进行审查"为主；科研院所以"无标准、视情况而定的审查方式"为主；国有企业则以"有标准、主管提建议、领导决定的审查方式"为主。可见，私营企业和高等院校定期对维持或放弃专利的审查方式较其他类型项目承担者相对规范。

3.不审查专利是否维持的理由

不同类型项目承担者对维持或放弃专利权不进行审查理由情况（见表1-8）显示，不进行审查的主要原因是：首先，专利申请重点是取得授权，授权后没有具体考虑；其次，不知道这是专利管理的内容；再次，授权专利都不应放弃。其中高等院校和科研院所不进行审查的理由都以"专利申请重点是取得授权，授权后没有具体考虑"为主。可见，部分项目承担者对专利维持或放弃的意义认识不清晰，专利运用意识不强。

表1-8　项目承担者对维持或放弃专利权不进行审查的理由

	总体		高等院校		科研院所		国有企业		私营企业	
	数量（份）	百分比（%）	数量（份）	百分比（%）	数量（份）	百分比（%）	数量（份）	百分比（%）	数量（份）	百分比（%）
理由1	9	19.6	6	17.7	1	12.5	1	33.3	1	100.0
理由2	30	65.2	25	73.5	4	50.0	1	33.3	0	0
理由3	7	15.2	3	8.8	3	37.5	1	33.3	0	0
总计	46	100.0	34	100.0	8	100.0	3	100.0	1	100.0

理由1：专利申请重点是取得授权，授权后没有具体考虑；理由2：不知道这是专利管理的内容；理由3：授权专利都不应放弃。

可见，对政府资助科技项目完成的专利维持或放弃进行审查的项目承担者比例不是很高，其中私营企业和高等院校定期对维持或放弃专利的审查方式较其他类型项目承担者相对规范，部分项目承担者对专利的价值不够重视。

（四）科技项目获得专利的维持时间和维持费来源

专利维持情况在一定层面上反映专利的运用和管理能力。政府资助科技项目完成发明创造获得专利的维持时间和维持费来源在很大程度上反映项目承担者对该类专利的运用和管理能力。

1.专利维持时间

专利维持时间是指专利从申请日或者授权之日至无效、终止、撤销或届满之日的实际时间。❶ 参与调查的项目承担者接受政府资助科技项目完成发明创造获得专利的维持时间（见表1-9）显示，105份有效问卷中，57份问卷选择了授权后1～3年专利权被终止，占总有效问卷的54.3%；36份问卷选择授权后3～6年被终止，占总有效问卷的34.3%。可见，授权后6年内被终止专利占其总数的88.6%。其中高等院校在授权后6年内被终止的专利占其该类专利的96.7%，国有企业的这一比例为83.3%，

---

❶ 不同国家或地区专利法对专利维持时间的起算时间的规定不同，有的是从申请日算起，有的是从授权日算起，我国专利维持时间是从专利申请日起算。

科研院所和私营企业分别为77.3%和66.7%。可见，就接受调查的项目承担者而言，政府资助科技项目完成专利的维持时间较短，特别是高等院校在专利获得授权后的6年内几乎全部被终止。这一问题值得警惕。

表1-9　政府资助科技项目完成发明创造获得专利的维持时间

	总体		高等院校		科研院所		国有企业		私营企业	
	数量（份）	百分比（%）	数量（份）	百分比（%）	数量（份）	百分比（%）	数量（份）	百分比（%）	数量（份）	百分比（%）
1~3年	57	54.3	34	54.8	14	63.6	4	33.3	5	55.6
3-6年	36	34.3	26	41.9	3	13.7	6	50.0	1	11.1
6年以上	12	11.4	2	3.3	5	22.7	2	16.7	3	33.3
总计	105	100.0	62	100.0	22	100.0	12	100.0	9	100.0

2.专利维持费来源

根据表1-9反映的调查结果，政府资助科技项目完成发明创造获得专利的维持时间很不乐观。笔者认为，影响专利维持时间的因素很多，其中一个重要原因是专利维持费问题。政府资助科技项目完成发明创造获得专利的维持费来源情况（见表1-10）显示，该类专利维持费来源比例如下：项目经费（49.0%）、项目承担者提供的专项专利维持经费（35.5%）和发明人自费（15.5%）。其中高等院校和科研院所多数由项目经费来承担，国有企业和私营企业多数由项目承担者的专门专利维持经费来承担。显然，研究机构和企业之间关于政府资助科技项目完成专利的维持费来源差异较大。

表1-10　政府资助科技项目完成发明创造获得专利的维持费来源

	总体		高等院校		科研院所		国有企业		私营企业	
	数量（份）	百分比（%）	数量（份）	百分比（%）	数量（份）	百分比（%）	数量（份）	百分比（%）	数量（份）	百分比（%）
来源1	76	49.0	53	53.5	17	58.6	2	14.3	4	30.8
来源2	55	35.5	28	28.3	7	24.2	12	85.7	8	61.5
来源3	24	15.5	18	18.2	5	17.2	0	0.0	1	7.7
总计	155	100.0	99	100.0	29	100.0	14	100.0	13	100.0

来源1：项目经费；来源2：项目承担者提供的专项专利维持经费；来源3：发明人自费。

可见，研究机构多数由项目经费来承担专利维持费，而企业多数由专门经费来承担专利维持费。不过，不同类型项目承担者持有的政府资助科技项目完成发明创造获得专利的维持时间与其专利维持经费的来源模式的关系有待进一步研究。

（五）结论及建议

通过对重庆市项目承担者在政府资助科技项目管理机制中的专利检索、申请专利与发表论文、专利维持审查及专利维持时间和维持费来源等问题问卷调查结果分析，得出如下结论：（1）企业专利检索意识较高，但其专利检索能力不足；研究机构专利检索意识较低，但其专利检索能力较强。（2）不同类型项目承担者对将科技项目中形成的科研成果发表论文对其申请专利新颖性的破坏作用认识不足，并存在差异。（3）企业比研究机构更注重政府资助科技项目完成发明创造获得专利的维持效率，重视对授权专利维持问题进行定期审查。（4）政府资助科技项目完成发明创造获得专利的维持时间较短；研究机构多由项目经费来承担专利维持费，企业则多由专门经费来承担专利维持费。

有鉴于此，在制定和完善政府资助科技项目完成发明创造获得专利的相关管理机制或政策时，需要注意以下建议：（1）进一步强化项目承担者，特别是科研院所和高等院校，在科技项目申报前的专利检索率，尽快提升各类项目承担者自己检索专利的能力；（2）明确规范发表论文与专利申请的关系，以免不当发表论文，使相关技术在申请专利时丧失新颖性；（3）要求项目承担者，特别是科研院所和高等院校重视专利维持或放弃的审查问题，以免放弃有价值的专利，或维持价值不高的专利；（4）在明确政府资助科技项目完成发明创造获得专利归属的基础上，提高项目承担者的专利运用和管理水平，尤其是规范专利维持费问题，有效延长专利维持时间，充分实现专利价值。

四、政府资助科研项目知识产权
管理制度及组织实证研究
——以重庆市为例

　　完善国家财政资助科研项目知识产权管理制度是国家创新计划和国家知识产权战略的重要组成部分，对我国创新型国家建设具有非常重要的意义。我国学者对此问题的研究主要集中在政府资助科研项目知识产权的归属、管理和产出等方面。在归属方面，乔永忠等探讨了主要利用国家财政资助科研项目完成发明创造的专利权归属等问题。❶张晓玲等提出，我国在确立政府投入项目成果知识产权归属时应坚持经济效率、利益平衡和激励创新三原则。❷在管理方面，任林认为某些科研政策使科研单位忽略成果转化，国有知识产权存在显性流失和隐性贬值现象。❸梅亚平等通过分析我国国家科技项目知识产权管理政策现状，提出改进知识产权管理政策

---

　　❶　乔永忠、朱雪忠、万小丽等：“国家财政资助完成的发明创造专利权归属研究”，载《科学学研究》2008年第6期，第1182~1187页。

　　❷　张晓玲、郑友德：“政府科技投入项目成果知识产权归属的原则”，载《科技与法律》2001年第1期，第15~20页。

　　❸　任林：“国家科技计划成果知识产权管理及相关政策”，载《科学学研究》1999年第4期，第37~43页。

的建议。❶ 郑玲等提出以市场运作模式对知识产权进行管理，完善我国政府资助研究知识产权管理制度。❷ 在产出方面，顾金亮认为国家财政资助项目研究成果的知识产权产出偏低，产业化水平极低，而且国家科技计划承担主体和市场经济竞争主体错位。❸ 国家财政资助科研项目的归属、管理和产出问题与项目承担者相关知识产权管理制度、管理机构和管理人员的完善情况和配置情况密切相关。科研项目管理部门也将相关知识产权管理制度是否健全作为确定项目承担者的重要条件。❹ 但现有研究中，笔者未发现有这方面研究成果出现，所以本书拟以重庆市为例，通过对政府资助科研项目知识产权管理的制度、机构和人员情况的实证分析，发现问题，提出政策建议，为完善我国政府财政资助科研项目完成的知识产权管理制度、优化知识产权管理机构提供参考。

（一）政府资助科研项目知识产权管理制度及利益协调规定

我国《科技进步法》《专利法》以及科技部等部门

---

❶ 梅亚平、陆飞："国家科技计划项目知识产权管理政策探讨"，载《研究与发展管理》2001年第2期，第68~75页。

❷ 郑玲、赵小东："政府资助研发成果知识产权管理制度探析"，载《知识产权》2006年第5期，第42~45页。

❸ 顾金亮："国家科技计划知识产权管理的中美比较"，载《中国软科学》2004年第4期，第12~17页。

❹ 参见2002年3月5日颁布的《科技部、财政部关于国家科研计划项目研究成果知识产权管理的若干规定》第四条。

颁发的相关规章制度均对政府财政资助科研项目知识产权的管理作了相关规范，但是这些规范或规定都比较笼统，不够细致。项目承担者为了提高政府资助科研项目知识产权管理效率，一般会自己制定可操作性较强的相关管理制度。下面对项目承担者制定的政府资助科研项目知识产权管理制度、规范项目承担者与政府以及与参与资助或研究第三方的利益协调条款的调查结果进行分析。

1. 政府资助科研项目知识产权管理制度构建

从整体来看，项目承担者关于政府资助科研项目知识产权管理制度构建情况良好（见表1-11）。

表1-11　政府资助科研项目知识产权管理制度情况

	总体		高等院校		科研院所		国有企业		私营企业	
	数量（份）	百分比（%）	数量（份）	百分比（%）	数量（份）	百分比（%）	数量（份）	百分比（%）	数量（份）	百分比（%）
有	123	72.8	85	85.0	23	76.7	6	37.5	5	45.5
无	33	19.5	10	10.0	4	13.3	9	56.3	6	54.5
正在制定	13	7.7	5	5.0	3	10.0	1	6.3	0	0
总计	169	100.0	100	100.0	30	100.0	16	100.0	11	100.0

在169份有效问卷中，123份问卷选择已经制定专门的政府资助科研项目知识产权管理制度，占有效问卷的72.8%；33份问卷选择没有制定专门的政府资助科研项目知识产权管理制度，占有效问卷的19.5%；13份问卷选择正在制定专门的政府资助科研项目知识产权管理制度，占有效问卷的7.7%。但是不同类型项目承担者

关于政府资助科研项目知识产权管理制度的设置情况存在明显差别。已经制定相关管理制度的项目承担者数占该类型创新主体总数的比例从高到低依次为：高等院校（85.0%）、科研院所（76.7%）、私营企业（45.5%）和国有企业（37.5%）；没有制定相关管理制度的项目承担者数占该类型创新主体总数的比例从高到低依次为：国有企业（56.3%）、私营企业（54.5%）、科研院所（13.3%）和高等院校（10.0%）。可见，教学和科研机构关于政府资助科研项目知识产权管理制度明显比较健全，而企业关于政府资助科研项目知识产权的管理制度明显较差。教学和科研机构中高等院校比科研院所的情况要好，企业中私营企业比国有企业的情况要好。

2. 规范政府和项目承担者利益协调规定

项目承担者关于政府资助科研项目知识产权管理制度中，专门规范政府和项目承担者的利益协调条款的情况如表1-12所示。从中可以看出，就整体而言，专门规范政府和项目承担者的利益协调的规定情况较好。在167份有效问卷中，有专门规范政府和项目承担者的利益协调条款的问卷占有效问卷的64.7%，没有专门规范政府和项目承担者的利益协调条款的问卷占有效问卷的26.9%，正在制定专门规范政府和项目承担者的利益协调条款的问卷占有效问卷的8.4%。但是不同类型项目承担者关于专门规范政府和项目承担者的利益协调制度的设置情况存在明显差别。已经制定专门规范政府和项目承担者的利益协调条款的项目承担者数占该类型创新主体总数的比例最高的是高等院校（78.6%），其次是科研院所（63.3%）和国有企业（31.3%），该比例最低的是私营企业（27.3%）；没有制定相关条款的项目承担者数占该类型创新主体总数的比例最高的是国有企业（68.8%），其次是私营企业（63.6%）和科研院所（20.0%），该比例最低的是高等院校（16.3%）；正在制定相关条款的项目承担者数占该类型创新主体总数的比例从高到低依次为：科研院所（16.7%）、私营企业（9.1%）和高等院校（5.1%）。值得一提的是，国有企业不存在正在制定条款的情况。可见，关于专门规范政府和项目承担者的利益协调规定方面，教学科研机构明显比较健全，企业明显较差。教学和科研机构中高等院校比科研院所的情况要好，企业中私营企业比国有企业的情况要好。

表1-12　项目承担者专门规范政府和
项目承担者的利益协调的条款情况

	总体		高等院校		科研院所		国有企业		私营企业	
	数量（份）	百分比（%）	数量（份）	百分比（%）	数量（份）	百分比（%）	数量（份）	百分比（%）	数量（份）	百分比（%）
有	108	64.7	77	78.6	19	63.3	5	31.3	3	27.3
无	45	26.9	16	16.3	6	20.0	11	68.8	7	63.6
正在制定	14	8.4	5	5.1	5	16.7	0	0	1	9.1
总计	167	100.0	98	100.0	30	100.0	16	100.0	11	100.0

3. 规范政府资助科研项目中参与资助或研究第三方利益协调规定

政府资助科研项目中，第三方参与资助或研究的情况比较常见，如何规范第三方和项目承担者及政府利益是个重要问题。表1-13反映了参与调查的项目承担者关于规范参与资助或研究第三方的利益协调条款的情况。从中可以看出，政府资助科研项目知识产权管理制度中，项目承担者关于规范参与资助或研究第三方的利益协调情况整体良好。在164份有效问卷中，97份问卷选择已经制定专门规范参与资助或研究第三方的利益协调条款，占有效问卷的59.1%；54份问卷选择没有制定专门规范参与资助或研究第三方的利益协调条款，占有效问卷的32.9%；13份问卷选择正在制定专门规范参与资助或研究第三方的利益协调条款，占有效问卷的7.9%。但是不同类型项目承担者关于规范项目承担者与参与第三方利益规定的情况存在明显差别。已经制定相关条款的项目承担者数占该类型创新主体总数的比例较高的是高等院校（70.1%），而科研院所、私营企业和国有企业的比例比较接近（分别为48.3%、45.5%和40.0%）；没有制定相关条款的项目承担者数占该类型创新主体总数的比例从高到低依次为：国有企业（60.0%）、私营企业（45.5%）、科研院所（37.9%）和高等院校（23.7%）。可见，高等院校关于政府资助科研项目知识产权的管理制度中专门规范参与资助或研究第三方的利益协调条款的数量要明显高于科研院所、国有企业和私营企业。也就是说，相对而言，高等院校在规范政府资助科研项目知识产权管理制度中更加注重项目参与第三方的利益问题。

表1-13　项目承担者专门规范参与资助或研究
第三方的利益协调规定情况

	总体		高等院校		科研院所		国有企业		私营企业	
	数量（份）	百分比（%）	数量（份）	百分比（%）	数量（份）	百分比（%）	数量（份）	百分比（%）	数量（份）	百分比（%）
有	97	59.1	68	70.1	14	48.3	6	40.0	5	45.5
无	54	32.9	23	23.7	11	37.9	9	60.0	5	45.5
正在制定	13	7.9	6	6.2	4	13.8	0	0	1	9.1
总计	164	100.0	97	100.0	29	100.0	15	100.0	11	100.0

（二）知识产权管理机构及管理人员

1. 政府资助科研项目知识产权的管理机构

管理制度需要健全的管理机构来执行，没有健全的管理机构，再好的管理制度也很难取得良好的执行效果。政府资助科研项目知识产权的管理应该是创新主体知识产权管理的重要组成部分，所以专门管理政府资助科研项目知识产权的任务一般也是由其知识产权管理机构来统一管理。表1-14是参与本次调查的项目承担者关于政府资助科研项目完成知识产权的管理机构设置情况。从中可以看出，政府资助科研项目完成知识产权的管理机构设置整体情况并不乐观。在167份有效问卷中，78份问卷选择专职部门负责，占有效问卷的46.7%；46份问卷选择没有相关机构，占有效问卷的27.5%；31份问卷选择其他部门兼顾，占有效问卷的18.6%；12份问卷选择委托外部机构，占有效问卷的7.2%。

不同类型项目承担者设置政府资助科研项目知识产权的管理机构情况存在明显差别。由专职部门负责政府资助科研项目知识产权的项目承担者数占该类型创新主体总数的比例从高到低的顺序为：高等院校（57.0%）、国有企业（43.8%）、科研院所（32.1%）和私营企业（27.3%）；由其他部门兼顾负责政府资助科研项目知识产权的项目承担者数占该类型创新主体总数的比例从高到低的顺序为：私营企业（54.5%）、国有企业（37.5%）、科研院所（25.0%）和高等院校（8.0%）；委托外部机构负责政府资助科研项目知识产权的项目承担者数占该类型创新主体总数的比例从高到低的顺序为：私营企业（18.2%）、科研院所（14.3%）、国有企业（6.3%）和高等院校（4.0%）；没有相关机构管理政府资助科研项目知识产权的项目承担者数占该类型创新主体总数的比例从高到低的顺序为：高等院校（30.1%）、科研院所（28.6%）和国有企业（12.5%）（值得一提的是，私营企业不存在没有相关机构管理政府资助科研项目知识产权的问题）。

可见，由专职部门负责政府资助科研项目知识产权的项目承担者数占该类型创新主体总数的比例中高等院校高于其他类型项目承担者；由其他部门兼顾或委托外部机构负责政府资助科研项目知识产权的项目承担者数占该类型创新主体总数的比例私营企业最高。

表1-14　政府资助科研项目知识产权的管理机构情况

	总体		高等院校		科研院所		国有企业		私营企业	
	数量（份）	百分比（%）	数量（份）	百分比（%）	数量（份）	百分比（%）	数量（份）	百分比（%）	数量（份）	百分比（%）
专职部门负责	78	46.7	57	57.0	9	32.1	7	43.8	3	27.3
其他部门兼顾	31	18.6	8	8.0	7	25.0	6	37.5	6	54.5
委托外部机构	12	7.2	4	4.0	4	14.3	1	6.3	2	18.2
没有相关机构	46	27.5	31	30.1	8	28.6	2	12.5	0	0
总计	167	100.0	100	100.0	28	100.0	16	100.0	11	100.0

2. 政府资助科研项目知识产权的管理人员

知识产权管理机构应该由充足的管理队伍组成，没有一定的高素质管理人员，管理机构无法运转，管理制度无法运行。表1-15反映了参与本次调查的承担政府资助科研项目单位关于相关知识产权管理人员的情况。从中可以看出，政府资助科研项目知识产权管理人员整体情况很不乐观。在参与调查的168份有效问卷中，只有79

份问卷选择有专职人员管理相关知识产权，仅占总有效问卷的47.0%；有72份问卷选择无专职人员，但有兼职人员管理相关知识产权，占总有效问卷的42.9%；有17份问卷选择既无专职管理人员，也无兼职管理人员管理相关知识产权，占总有效问卷的10.1%。这一情况在不同类型项目承担者之间的差异也比较明显。有专职人员管理相关知识产权的项目承担者占该类创新主体总数的比例最高的是高等院校（61.0%），国有企业（37.5%）和科研院所（31.0%）比较接近，私营企业最低（18.2%）；无专职人员，但有兼职人员管理相关知识产权的项目承担者占该类创新主体总数的比例最高的是私营企业（72.7%），其次是科研院所（62.1%），再次是国有企业（56.3%），最低的是高等院校（29.0%）。可见，高等院校中从事专职管理相关知识产权的管理人员配备情况明显比其他类型项目承担者要好（这或许是近年来教育部等机构要求高等院校做好科研项目的知识产权管理相关文件的原因），国有企业、私营企业和科研院所则由兼职管理人员管理相关知识产权的比例较高，国有企业和私营企业或许是因为从政府获得资助项目较少，而较少配备专门的知识产权管理人员，但是科研院所中政府资助科研项目知识产权专职管理人员如此少的原因需要进一步考察。

表1-15　政府资助科研项目知识产权管理人员情况

	总体		高等院校		科研院所		国有企业		私营企业	
	数量（份）	百分比（%）	数量（份）	百分比（%）	数量（份）	百分比（%）	数量（份）	百分比（%）	数量（份）	百分比（%）
有专职人员	79	47.0	61	61.0	9	31.0	6	37.5	2	18.2
无专职，有兼职	72	42.9	29	29.0	18	62.1	9	56.3	8	72.7
无专职，无兼职	17	10.1	10	10.0	2	6.9	1	6.3	1	9.1
总计	168	100.0	100	100.0	29	100.0	16	100.0	11	100.0

（三）结论及建议

通过对重庆市项目承担者接受政府资助科研项目知识产权管理相关情况的实证研究发现：政府资助科研项目知识产权管理制度基本完善，但管理机构和管理队伍存在一定问题。主要体现在以下方面：（1）教学和科研机构关于政府资助科研项目知识产权的管理制度及其规范政府和项目承担者的利益协调规定明显比较健全，而企业在这些方面明显较差；高等院校关于政府资助科研项目知识产权的管理制度中专门规范参与资助或研究第三方的利益协调条款的比例要明显高于科研院所、国有企业和私营企业。（2）高等院校由专职部门负责政府资助科研项目知识产权管理的项目承担者数占该类型创新主体总数的比例高于其他类型项目承担者；私营企业由其他部门兼顾或委托外部机构负责政府资助科研项目知识产权管理的项目承担者数占该类型创新主体总数的比例最高。（3）高等院校和国有企业中专职负责相关知识产权的管理人员配备情况较好，私营企业和科研院所中兼职管理政府资助科研项目知识产权的人员数量较高，专职管理人员则很少。

虽然本书是基于重庆市所做实证研究，但我国很多地区都在不同程度上存在类似问题，因此本书提出以下三个方面政策建议：（1）要求项目承担者，特别是企业，完善关于政府资助科研项目知识产权管理制度，明确政府与项目承担者的利益关系，尤其是相关知识产权的归属，同时规范参与资助或研究第三方利益，调动其积极性；（2）引导项目承担者，特别是企业，建立政府资助科研项目知识产权专职管理机构，尽量减少由其他部门兼顾或委托外部机构管理相关知识产权，提高管理效率；（3）督促项目承担者，特别是私营企业和科研院所，充实知识产权管理队伍，提高管理水平。

五、政府资助科研项目知识产权
产出和运用实证研究
——以重庆市为例

　　随着我国创新型国家建设以及国家知识产权战略的深化，政府财政资助科研项目的力度不断加大，政府财政资助科研项目的知识产权管理问题显得越来越重要。国内对此问题的研究成果主要体现在政府资助科研项目知识产权的归属、管理和绩效评价方面。在归属方面，乔永忠等探讨了主要利用国家财政资助科研项目完成发明创造的专利权归属等问题。● 在管理方面，孙婷婷等认为我国科技项目知识产权管理政策中促进成果形成专利的措施不完善，利益激励机制不健全。❷ 任林认为某些科研政策使科研单位忽略成果转化，国有知识产权存在显性流失和隐性贬值现象。❸ 梅亚平等通过分析我国国家科技项目知识产权管理政策现状，提出了改进知识

　　● 乔永忠、朱雪忠、万小丽等："国家财政资助完成的发明创造专利权归属研究"，载《科学学研究》2008年第6期，第1182~1187页。
　　❷ 孙婷婷、唐五湘："国家科技计划项目知识产权管理政策"，载《北京机械工业学院学报》2003年第1期，第40~45页。
　　❸ 任林："国家科技计划成果知识产权管理及相关政策"，载《科学学研究》1999年第4期，第37~43页。

产权管理政策的建议。❶ 郑玲等提出以市场运作模式对知识产权进行管理，完善我国政府资助研究知识产权管理制度。❷ 在绩效评价方面，乔永忠等通过对2000~2005年我国科技成果产出与国家资助经费的实证研究发现，虽然我国没有类似《拜杜法案》的法律规范国家资助项目完成发明创造的权利归属等，但是类似的部门规章为我国技术创新发挥了重要作用。❸ 不过，关于政府财政资助科研项目完成的知识产权产出、运用和实施情况的实证研究，笔者未发现有相关研究成果出现。本书以重庆市为例，对项目承担单位在2006~2010年度接受政府财政资助科研项目的投入规模及资助模式、相关知识产权产出形式及数量和运用形式及其障碍等问题分别进行实证研究，以期为重庆市乃至国家相关机构制定政策提供参考。

（一）科研项目投入规模及模式

无论是中央政府，还是地方政府，对科研项目资助的规模在很大程度上反映了其对科技发展的重视程度。

---

❶ 梅亚平、陆飞："国家科技计划项目知识产权管理政策探讨"，载《研究与发展管理》2001年第2期，第68~75页。

❷ 郑玲、赵小东："政府资助研发成果知识产权管理制度探析"，载《知识产权》2006年第5期，第42~45页。

❸ 乔永忠、万小丽："我国国家资助科研项目发明创造归属政策绩效分析"，载《科技进步与对策》2009年第7期，第91~94页。

资助模式是否科学，直接影响项目承担者的积极性以及政府科研投入资金的知识产权产出效率。

1. 项目承担单位接受政府财政资助科研项目投入规模

各级政府每年都要向科研项目投入一定的财政资金，支持各类创新主体通过研发活动，推进技术创新。表1-16反映了2006~2010年度参与本次调查的重庆市项目承担单位接受政府财政资助科研项目投入规模情况。

表1-16　2006~2010年度项目承担单位接受政府
财政资助科研项目投入规模

	总体		高等院校		科研院所		国有企业		私营企业	
	项目数量（项）	经费（万元）	项目数量（项）	经费（万元）	项目数量（项）	经费（万元）	项目数量（项）	经费（万元）	项目数量（项）	经费（万元）
国家级项目	61	9921	39	3236	10	1925	3	618	7	3584
部级项目	41	6056	20	526	12	4050	4	670	2	110
省市级项目	146	10315	86	1621	27	3592	12	1141	10	1606
总计	248	26292	145	5383	49	9567	19	2429	19	5300

从表1-16可以看出，参与调查的100多个项目承担者接受政府财政资助的三级科研项目共计248项，其中国家级项目61项、部级项目41项、省市级项目❶146项，各类

---

❶ 这里的市级项目是指和省部级平级的直辖市级别的科研项目。

项目投入总和为26 292万元。高等院校接受145项三级科研项目资助，平均每个科研项目经费为37.1万元；科研院所接受49项三级科研项目资助，平均每个科研项目经费为195.2万元；国有企业接受19项三级科研项目资助，平均每个科研项目经费为127.8万元；私营企业接受19项三级科研项目资助，平均每个项目经费为278.9万元。可见，不同创新主体接受政府财政资助的单位项目经费存在明显差异。高等院校尽管获得政府财政资助的科研项目数量较多，但是与其他类型项目承担者相比，其每个科研项目获得的平均资助经费仅占私营企业的七成，科研院所的五成。这说明政府对不同类型项目承担者资助力度和资助范围存在较大差异，或者说资助方式差异明显。换句话说，政府财政资助不同类型项目承担者的出发点本身就存在一定差异。

2. 项目承担单位接受政府财政资助科研项目资助模式

资助模式不仅可以在一定程度上反映政府对科研项目的资助程度，也从不同层面体现项目承担单位对科研项目的支持力度。同时资助模式可能会直接影响科研项目的知识产权产出，所以调查政府财政资助模式情况，对提高相关知识产权产出及其运用具有重要作用。表1-17反映了2006~2010年度参与本次调查的重庆市项目承担者接受政府科研项目资助模式情况。

表1-17 2006~2010年度项目承担单位接受政府科研项目资助模式

	总体		高等院校		科研院所		国有企业		私营企业	
	数量（项）	百分比（%）	数量（项）	百分比（%）	数量（项）	百分比（%）	数量（项）	百分比（%）	数量（项）	百分比（%）
模式1	63	33.3	39	36.8	17	51.5	4	19.0	8	61.5
模式2	99	52.4	55	51.9	15	45.5	13	61.9	3	23.1
模式3	8	4.3	6	5.7	0	0	1	4.8	0	0
模式4	12	6.3	2	1.9	1	3.0	3	14.3	2	15.4
模式5	7	3.7	4	3.8	0	0	0	0.0	0	0
总计	189	100.0	106	100.0	33	100.0	21	100.0	13	100.0

模式1：政府独立资助；
模式2：政府财政资助，单位出资；
模式3：政府财政资助，单位出资，第三方资助；
模式4：政府财政资助，单位出资，第三方参与研究；
模式5：政府财政资助，单位出资，第三方参与研究，且出资。

表1-17将资助模式简单地分为5种模式，并分别就总体及不同类型项目承担者的情况作了展示。从总体情况来看，资助模式2，即政府财政资助、单位出资的资助模式所占比例（52.4%）最高；其次是资助模式1，即政府独立资助模式（33.3%）；其他三种资助模式的总和所占比例为14.3%。不过，不同类型项目承担者的情况有所不同。高等院校的基本情况和总体情况大致相似。科研院所的情况有所不同，资助模式1所占比例最高（51.5%），其次是资助模式2（45.5%），资助模式4，即政府财政资助、单位出资、第三方参与研究为3.0%。国有企业的情况也有所差异，资助模式2所占比例最高（61.9%），其次是资助模

式1（19.0%），资助模式4为14.3%。私营企业的情况更为独特，其资助模式1所占比例最高（61.5%），其次是资助模式2（23.1%），第三则是资助模式4（15.4%）。从上述数据可以发现：资助模式3，即政府财政资助、单位出资、第三方资助的模式，和资助模式5，即政府财政资助、单位出资、第三方参与研究且出资，很少被使用。尤其是科研院所和私营企业，没有一项科研项目使用资助模式3或者资助模式5。

可见，政府财政资助模式较为单一，国有企业和高等院校以政府财政资助、单位出资的资助模式为主，私营企业和科研院所以政府独立资助模式为主。这种情况不仅不利于提高政府财政资助效率，也不利于调动项目承担者的积极性，更难发挥第三方的参与作用。

（二）知识产权产出形式及数量

知识产权产出的形式和数量在很大程度上反映了接受资助的项目承担单位的技术创新率及其知识产权意识。根据表1-16所反映的2006~2010年度科研项目投入规模情况，项目承担单位接受政府财政资助接受调查的248个项目，累计政府财政资助经费26 292万元人民币。表1-18反映了这些资助经费及项目承担单位和其他方式投入科研经费共同创造的知识产权形式和数量。比较表1-18和表1-16的相关数据可以发现，与科研经费投入相比，

2006~2010年度重庆市项目承担单位接受政府科研项目知识产权产出率较低。

表1-18 2006~2010年度项目承担单位接受政府
科研项目知识产权产出形式及数量

（件）

	发明专利	实用新型	外观设计	计算机软件	集成电路布图	植物新品种
高等院校	74	52	17	17	0	2
科研院所	182	26	0	7	0	13
国有企业	12	32	3	0	1	0
私营企业	375	586	1 240	4	0	0
总计	671	696	1 260	28	1	15

对于不同类型的知识产权而言，不同类型项目承担者的产出率差异较大。671件发明专利中，私营企业产出率最高（55.9%），其次是科研院所（27.1%），再次是高等院校（11.0%），最后是国有企业（1.8%）。696件实用新型专利中，私营企业产出率最高（84.2%），其次是高等院校（7.5%），再次是国有企业（4.6%），最后是科研院所（3.7%）。1 260件外观设计专利中，几乎全是私营企业的产出。28件计算机软件中，高等院校的产出率最高（60.7%），其次是科研院所（25.0%），再次是私营企业（14.3%），国有企业没有计算机软件产出。调查中，唯一的一件集成电路布图设计由国有企业完成。15件植物新品种中，科研院所的产出率占全部产出的86.7%，高等院

校占13.3%。国有企业和私营企业没有植物新品种产出。根据表1-18，就数量总体而言，私营企业的相关知识产权产出率最高，其次是科研院所，第三是高等院校，最后是国有企业。

（三）知识产权运用形式及其障碍

知识产权的创造、运用、保护和管理四个环节中，运用是实现知识产权价值的核心。知识产权的运用形式和运用过程中存在的障碍在很大程度上决定了知识产权运用的效率和水平。

1. 政府财政资助科研项目知识产权运用形式

知识产权的运用形式不仅反映创新主体的知识产权运用能力，而且反映知识产权交易市场的完善程度。表1-19反映了参与本次调查的重庆市项目承担单位2006~2010年度接受政府科研项目知识产权的运用形式情况。就整体而言，相关知识产权运用形式以项目承担单位自己实施为主（73.3%），其次是转让（10.7%），再次是许可（5.3%）。但是不同类型项目承担者的具体情况有所区别。具体表现在以下方面：高等院校自己实施率为76.7%，许可、自己实施与许可组合、自己实施与转让组合、自己实施与许可及转让组合各占3.3%；科研院所的自己实施率（37.5%）和转让率（31.3%）比较接近，许可（12.5%）和自己实施与转让组合（12.5%）相同；国有企业的情况较为特殊，相关知识产权的自己实施率达到91.7%，而私营企业的自己实施率达到88.9%。

表1-19 2006~2010年度项目承担单位接受政府
科研项目知识产权的运用形式

	总体		高等院校		科研院所		国有企业		私营企业	
	数量（项）	百分比（%）	数量（项）	百分比（%）	数量（项）	百分比（%）	数量（项）	百分比（%）	数量（项）	百分比（%）
自己实施	55	73.3	23	76.7	6	37.5	11	91.7	8	88.9
许可	4	5.3	1	3.3	2	12.5	0	0	1	11.1
转让	8	10.7	3	100.0	5	31.3	0	0	0	0
出资	1	1.3	0	0	0	0	0	0	0	0
自己实施、许可	1	1.3	1	3.3	0	0	0	0	0	0
自己实施、转让	3	4.0	1	3.3	2	12.5	0	0	0	0
许可、转让	1	1.3	0	0	1	6.3	0	0	0	0
自己实施、许可、转让[1]	2	2.7	1	3.3	0	0	1	8.3	0	0
总计	75	100.0	30	100.0	16	100.0	12	100.0	9	100.0

可以明显看出，企业对相关知识产权的运用基本上

---

[1]　自己实施、许可与转让组合可能是指同一知识产权运用形式发生在不同的时间段，或者是在同一份问卷中反映的不同知识产权的运用形式。

是自己实施，高等院校对相关知识产权实施的程度也比较高（高等院校对政府财政资助科研项目知识产权自己实施率较高，可能是其开办的校办企业或者发明人自己设立的私人公司较多所致），但是科研院所对相关知识产权自己实施率相对较低，这种结果与不同类型项目承担者的性质及功能比较一致。

2. 政府财政资助科研项目知识产权运用障碍

在我国，目前由于各种原因，对知识产权运用的障碍较多，本书将这些原因简单地划分为五种障碍。表1-20反映了2006~2010年度项目承担单位接受政府财政资助科研项目知识产权运用过程中五种障碍的具体分布情况。

表1-20 2006~2010年度项目承担单位接受政府
财政资助科研项目知识产权运用障碍

	总体		高等院校		科研院所		国有企业		私营企业	
	数量（项）	百分比（%）	数量（项）	百分比（%）	数量（项）	百分比（%）	数量（项）	百分比（%）	数量（项）	百分比（%）
障碍1	18	10.4	10	9.7	6	16.2	1	7.7	0	0.0
障碍2	38	22.0	26	25.2	8	21.6	3	23.1	0	0.0
障碍3	37	21.4	26	25.2	7	18.9	2	15.4	0	0.0
障碍4	50	28.9	28	27.2	6	16.2	5	38.5	5	71.4
障碍5	30	17.3	13	12.6	10	27.1	2	15.4	2	28.6
总计	173	100.0	103	100.0	37	100.0	13	100.0	7	100.0

障碍1：缺乏实用性；障碍2：知识产权工作与生产经营脱节；障碍3：许可或转让渠道不畅；障碍4：技术超前，应用和市场有待开发；障碍5：单位内部缺乏相关制度、机构和专业管理人员推动。

　　从表1-20可以看出，参与调查的项目承担单位中，高等院校认为政府财政资助科研项目知识产权运用的障碍首先在于"技术超前，应用和市场有待开发"，其次是"知识产权工作与生产经营脱节"和"许可或转让渠道不畅"，再次是"单位内部缺乏相关制度、机构和专业管理人员推动"；科研院所则认为政府财政资助科研项目知识产权运用的障碍首先在于"单位内部缺乏相关制度、机构和专业管理人员推动"，其次是"知识产权工作与生产经营脱节"，再次是"许可或转让渠道不畅"，最后是"缺乏实用性"和"技术超前，应用和市场有待开发"；国有企业则认为政府财政资助科研项目知识产权运用的障碍首先在于"技术超前，应用和市场有待开发"，其次是"知识产权工作与生产经营脱节"，再次是"许可或转让渠道不畅"和"单位内部缺乏相关制度、机构和专业管理人员推动"；最为特别的是私营企业，该类项目承担者认为，政府财政资助科研项目知识产权运用的障碍首先在于"技术超前，应用和市场有待开发"，其次是"单位内部缺乏相关制度、机构和专业管理人员推动"，其他都不重要。可见，不同类型项目承担者拥有知识产权的质量不同，知识产权运用形式不同，造成它们认为运用知识产权障碍的类型也有明显差异。高等院校、国有企业和私营企业都最关注专利技术与市场的结合程度，即专利技术的实用性和市场化程度。科研院所最关注相关技术的管理制度建设、机构和人员配置，即自身环境建设。所以，提高相关知识产权运用能力，应该特别注意技术的实用性和市场化程度。

（四）结论及建议

通过对重庆市项目承担单位在2006~2010年度接受政府财政资助的科研项目投入规模及资助模式、相关知识产权产出形式及数量和运用形式及其障碍等问题的实证研究，本书得出如下结论：项目承担单位在2006~2010年度接受政府财政资助的科研项目投入规模较大，资助模式较为单一；相关知识产权产出形式单一，数量较少；相关知识产权运用形式单一，运用障碍较为复杂。具体体现在三个方面：（1）不同创新主体接受政府财政资助的单位项目经费存在明显差异；国有企业和高等院校以政府财政资助、单位出资的资助模式为主，私营企业和科研院所以政府独立资助模式为主。（2）私营企业的相关知识产权产出率最高，科研院所其次，高等院校再次，国有企业再次之。（3）企业对相关知识产权的运用基本上是自己实施，高等院校对相关知识产权实施的程度也比较高，但是科研院所对相关知识产权自己实施率相对较低；不同类型项目承担者拥有知识产权的质量不同，知识产权运用形式不同，造成其运用知识产权障碍的类型也有明显差异。上述问题可能在我国很多地区项目承担单位中不同程度地存在。

在上述结论的基础上，提出如下政策建议：扩大政府财政资助规模，优化资助模式；提高知识产权产量，优化产出形式；促进知识产权运用形式的多元化，积极化解运用过程中的各种障碍。具体分为三个方面：（1）在国有企业和高等院校中鼓励引入第三方资助，在私营企业和科研院所中强化引入其自身投资的同时，鼓励引入第三方资助，促进资助模式的多元化；（2）强化项目承担单位的知识产权意识，鼓励项目承担单位，特别是高等院校和国有企业，积极将科研项目成果申请或登记知识产权；（3）要积极化解相关知识产权运用过程中的各种障碍，在进一步强化自己实施相关知识产权的同时，要提高知识产权的财产意识，促进知识产权的许可、转让、出资和质押等多种形式的运用。

由于主客观条件的限制，本专题作为调查结果的实证分析，其不足主要体现在以下方面：（1）调查对象的局限。本次调查局限于重庆市项目承担者，其调查结果普适性有限。（2）选择调查的问题限制。本书涉及的四个问题只是政府资助科技项目完成发明创造获得专利管理机制的部分问题，还有很多问题需要进一步研究。（3）样本量较少，代表性存在局限。

随着国家创新计划和国家知识产权战略的深入实

施，政府资助科技项目的力度不断加大，完善政府资助科技项目完成发明创造获得专利的管理机制问题将更加迫切。作为本书的后续研究，除了在扩充样本量，强化对相关问题产生原因分析、对策的挖掘外，重点将对国内外尤其是我国不同地区政府资助科技项目完成发明创造获得专利管理问题进行比较分析，对专利管理制度机构和管理队伍建设、专利产出率及其类别、专利运用及其存在的障碍、专利保护等问题进行研究。

专题二
促进战略性新兴产业发展知识产权
管理制度研究*

战略性新兴产业是指科技含量高、出现时间短、发展速度快，市场前景好，溢出作用大，对国民经济和社会发展具有战略支撑作用，最终成为主导产业和支柱产业的新兴业态形式。发展战略性新兴产业是我国近期作出的重大战略选择。2009年12月27日，温家宝同志接受新华社记者专访时关于战略性新兴产业的讲话，开启了我国战略性新兴产业规划发展的序幕；2010年4月，国家发改委确定战略性新兴产业的七大产业；2010年9月9日，国务院发布的《关于加快培育和发展战略性新兴产业的决定》指出，加快培育和发展战略性新兴产业对推进我国现代化建设具有重要战略意义；2010年10月18日，《中共中央关于制定国民经济和社会发展第十二个五年规划的建议》明确提出要培育和发展战略性新兴产

---

* 本部分内容为重庆市科学技术委员会软科学项目"促进重庆市战略性新兴产业发展的知识产权管理制度研究"（项目编号：cstc2011cx-rkxA0335）部分研究成果。

业；2012年5月30日，国务院常务会议通过《"十二五"国家战略性新兴产业发展规划》。2012年4月28日，国务院办公厅转发的由国家知识产权局、国家发展和改革委员会等10部门联合制定的《关于加强战略性新兴产业知识产权工作的若干意见》指出，战略性新兴产业对知识产权创造和运用依赖强，对知识产权管理和保护要求高。积极创造知识产权，是抢占新一轮经济和科技发展制高点、化解战略性新兴产业发展风险的基础；有效运用知识产权，是培育战略性新兴产业创新链和产业链、推动创新成果产业化和市场化的重要途径；依法保护知识产权，是激发创新活力、支撑战略性新兴产业可持续发展、形成健康有序市场环境的关键；科学管理知识产权，是充分运用国内国外资源、提升战略性新兴产业创新水平、发挥创新成果市场价值的保障。国家知识产权局原局长田力普认为，战略性新兴产业集中体现了新兴科技和新兴产业的深度融合，未来发展高度依赖于知识产权的创造、运用、保护和管理。❶

为了全面实施国家相关规划和政策，重庆市政府结合当地实际制定了《重庆市人民政府关于加快发展战略性新兴产业的意见》《重庆市"十二五"科学技术和战

---

❶ 田力普："知识产权是培育和发展战略性新兴产业的关键"，载《经济日报》2012年5月4日。

略性新兴产业发展规划》《关于加强重庆市战略性新兴产业知识产权工作的实施意见》等重要政策文件，促进重庆战略性新兴产业发展。

可见，随着我国战略性新兴产业发展进入重要战略机遇期，知识产权制度的保驾护航作用显得更加重要。如何利用知识产权制度促进我国战略性新兴产业发展已经成为迫在眉睫的课题，强化我国战略性新兴产业知识产权管理制度研究，对调整和优化升级产业结构，充分发挥知识产权促进经济社会发展具有重要意义。

本专题在分析战略性新兴产业内涵和特征，明确知识产权管理在其发展过程中重要性的基础上，通过分析国外战略性新兴产业知识产权管理制度及政策和我国现有制度对战略性新兴产业知识产权管理的现状及缺陷，提出促进我国战略性新兴产业知识产权管理的政策建议。

一、战略性新兴产业的内涵和特征

战略性新兴产业是指以重大技术突破和重大发展需求为基础，对经济社会全局和长远发展具有重大引领带动作用，知识技术密集、物质资源消耗少、成长潜力大、综合效益好的产业。国内外学者或者官方文件对战略性新兴产业的内涵、范围、特征进行了相关论证或界定。

（一）战略性新兴产业的界定

美国经济学家赫希曼（A.O. Hirschman）最早提出"战略性产业"的概念。保罗·克鲁格曼（Paul R. Krugman）提出了识别"战略性部门"的外部经济性标准。我国学者芮明杰等把产业区分为战略性产业和一般性产业。[1] 温太璞强调战略性产业的创新（技术、体制、管理）特性以及外部经济效应。[2] 李耀新等和赵玉林等分别提出战略支柱产业和战略性主导产业的概

---

[1] 芮明杰、赵春明："战略性产业与国有战略控股公司模式"，载《财经研究》1999年第9期，第35~39页。

[2] 温太璞："发达国家战略性产业政策和贸易政策的理论思考和启示"，载《商业研究》2001年第10期，第25~27页。

念。❶❷吕政认为，绝大多数重大专项的关联性和集成性有利于促进相关战略性产业群的成长，形成具有竞争力的战略产品。❸

国内学者对"战略性新兴产业"内涵的表述主要有以下几种观点。李文增、王金杰等认为，战略性新兴产业应该是指在国民经济中具有战略地位，对经济社会发展和国家安全具有长远和重大影响，具有成为一个国家或者地区未来经济发展支柱产业可能性的行业。选择战略性新兴产业的科学依据最重要的有三条：（1）产品要有稳定且具发展前景的市场需求；（2）要有良好的经济技术效益；（3）要能够带动一批产业的兴起。❹姜大鹏、顾新认为，战略性新兴产业是指那些代表当今世界科学技术发展的前沿和方向，具有广阔的市场前景、经济技术效益和产业带动效用，并且关系经济社会发展全局和国家安全的新兴产业。❺朱瑞博认为，战略性新兴产业是一个国家或地区实现未来经济持续增长的先导

❶　李耀新等：《战略产业论》，黑龙江科技出版社1991年版，第5页。

❷　赵玉林、张倩男："湖北省战略性主导产业的选择研究"，载《中南财经政法大学学报》2007年第2期，第30~35页。

❸　吕政："产业政策的制订与战略性产业的选择"，载《北京行政学院学报》2004年第4期，第28~30页。

❹　李文增、王金杰等："对国内外发展战略性新兴产业的比较研究"，见《2010年度京津冀区域协作论坛论文集》，第313~318页。

❺　姜大鹏、顾新："我国战略性新兴产业的现状分析"，载《科技进步与对策》2010年第17期，第65~70页。

产业，对国民经济发展和产业结构转换具有决定性的促进、导向作用，具有广阔的市场前景和引导科技进步的能力，关系到国家的经济命脉和产业安全。[1] 牛立超和祝尔娟认为，从广义上讲，战略性新兴产业是指利用先进科技成果建立起来的一系列对经济发展具有战略意义的产业。这些产业普遍采用先进的生产技术，是科技创新最为集中的生产领域。因为其创新性突出、具有较高的劳动生产率，正处于产业生命周期曲线中的成长阶段；同时这些产业需求旺盛，其对经济增长的拉动作用十分明显。[2]

笔者认为，战略性新兴产业是指我国在改革开放新时期作出的新的科技战略部署，是当今世界科学技术发展的前沿和方向，是新兴科技和新兴产业的深度融合，具有科技性、长远性、导向性、全局性和动态性等产业特征，关系到我国经济产业结构的优化升级和经济发展方式转变，对国民经济和社会发展具有战略支撑作用，最终发展成为提升我国综合国力和促进社会进步的先导产业、主导产业和支柱产业的新兴业态形式。

---

[1] 朱瑞博："中国战略性新兴产业培育及其政策取向"，载《改革》2010年第3期，第19~28页。

[2] 牛立超、祝尔娟："战略性新兴产业发展与主导产业变迁的关系"，载《发展研究》2011年第6期，第77~81页。

（二）战略性新兴产业的范围

根据《国务院关于加快培育和发展战略性新兴产业的决定》和《"十二五"国家战略性新兴产业发展规划》，目前我国将节能环保、新一代信息技术、生物产业、高端装备制造、新能源、新材料和新能源汽车列入国家战略性新兴产业的发展范围，并提出了重点发展方向和主要任务。其具体包括以下内容。

1. 节能环保产业

重点开发推广高效节能技术装备及产品，实现重点领域关键技术突破，带动能效整体水平的提高。加快资源循环利用关键共性技术研发和产业化示范，提高资源综合利用水平和再制造产业化水平。示范推广先进环保技术装备及产品，提升污染防治水平。推进市场化节能环保服务体系建设。加快建立以先进技术为支撑的废旧商品回收利用体系，积极推进煤炭清洁利用、海水综合利用。该产业要突破能源高效与梯次利用、污染物防治与安全处置、资源回收与循环利用等关键核心技术，发展高效节能、先进环保和资源循环利用的新装备和新产品，推行清洁生产和低碳技术，加快形成支柱产业。

2. 新一代信息技术产业

加快建设宽带、泛在、融合、安全的信息网络基础设施，推动新一代移动通信、下一代互联网核心设备和智能终端的研发及产业化，加快推进三网融合，促进物联网、云计算的研发和示范应用。着力发展集成电路、新型显示、高端软件、高端服务器等核心基础产业。提升软件服务、网络增值服务等信息服务能力，加快重要基础设施智能化改造。大力发展数字虚拟等技术，促进文化创意产业发展。该产业要加快建设下一代信息网络，突破超高速光纤与无线通信、先进半导体和新型显示等新一代信息技术，增强国际竞争力。

3. 生物产业

大力发展用于重大疾病防治的生物技术药物、新型疫苗和诊断试剂、化学药物、现代中药等创新药物大品种，提升生物医药产业水平。加快先进医疗设备、医用材料等生物医学工程产品的研发和产业化，促进规模化发展。着力培育生物育种产业，积极推广绿色农用生物产品，促进生物农业加快发展。推进生物制造关键技术开发、示范与应用。加快海洋生物技术及产品的研发和产业化。该产业要面向人民健康、农业发展、资源环境保护等重大需求，强化生物资源利用等共性关键技术和工艺装备开发，加快构建现代生物产业体系。

4. 高端装备制造产业

重点发展以干支线飞机和通用飞机为主的航空装备，做大做强航空产业。积极推进空间基础设施建设，促进卫星及其应用产业发展。依托客运专线和城市轨道交通等重点工程建设，大力发展轨道交通装备。面向海洋资源开发，大力发展海洋工程装备。强化基础配套能力，积极发展以数字化、柔性化及系统集成技术为核心的智能制造装备。该产业要大力发展现代航空装备、卫星及应用产业，提升先进轨道交通装备发展水平，加快发展海洋工程装备，做大做强智能制造装备，促进制造业智能化、精密化、绿色化发展。

5. 新能源产业

积极研发新一代核能技术和先进反应堆，发展核能产业。加快太阳能热利用技术推广应用，开拓多元化的太阳能光伏光热发电市场。提高风电技术装备水平，有序推进风电规模化发展，加快适应新能源发展的智能电网及运行体系建设。因地制宜开发利用生物质能。该产业要发展技术成熟的核电、风电、太阳能光伏和热利用、生物质发电、沼气等，积极推进可再生能源技术产业化。

6. 新材料产业

大力发展稀土功能材料、高性能膜材料、特种玻璃、功能陶瓷、半导体照明材料等新型功能材料。积极发展高品质特殊钢、新型合金材料、工程塑料等先进结构材料。提升碳纤维、芳纶、超高分子量聚乙烯纤维等高性能纤维及其复合材料发展水平。开展纳米、超导、智能等共性基础材料研究。该产业要大力发展新型功能材料、先进结构材料和复合材料，开展共性基础材料研究和产业化，建立认定和统计体系，引导材料工业结构调整。

7. 新能源汽车产业

着力突破动力电池、驱动电机和电子控制领域关键核心技术，推进插电式混合动力汽车、纯电动汽车推广应用和产业化。同时，开展燃料电池汽车相关前沿技术研发，大力推进高能效、低排放节能汽车发展。该产业要加快高性能动力电池、电机等关键零部件和材料核心技术研发及推广应用，形成产业化体系。

（三）战略性新兴产业的特征

战略性新兴产业是我国在改革开放新时期作出的新的科技战略部署，是当今世界科学技术发展的前沿和方向，是新兴科技和新兴产业的深度融合，具有战略性、新兴性、风险性、导向性、创新性和复杂性等产业特征。

1. 战略性

战略性新兴产业是对我国经济和社会发展具有重大战略意义的新兴产业，是在社会和经济大转型背景下提出的科技战略的长期部署。2009年11月3日，温家宝同志在北京科技界大会上的讲话中指出，选择战略性新兴产业要满足三条科学依据：（1）产品要有稳定且具发展前景的市场需求；（2）要有良好的经济技术效益；（3）要能带动一批产业的兴起。由此可见，战略性新兴产业的战略性体现在发展空间大、带动作用强、经济效益好、对社会和经济发展影响作用大，还体现在战略性新兴产业对经济发展范式的巨大推动作用，加快产业升级换代和经济发展方式的转变，决定未来国家的科技竞争优势。另有学者认为，战略性新兴产业中的"战略性"具有两方面：（1）该产业对国民经济运行的重要影响力，关系到国家的生死存亡，涉及国家根本竞争力、国家安全、国家战略目标的实现，对产业结构高级化、综合国力和国际竞争力提升有着巨大的促进作用。（2）该产业具有范围经济、规模经济、学习效应和网络外部性等特征，它能产生巨大的溢出效益，也能为其他相关行业的发展提供相应的基础设施。❶

2. 新兴性

战略性新兴产业中的"新兴"具有三方面含义。（1）从时间的角度来看，"新兴产业"是刚刚兴起的产业，与传统产业相对。（2）从技术的角度来看，"新兴产业"必然来源于技术革新，将产生新的产品。（3）从市场成熟程度来看，"新兴产业"目前的市场容量非

---

❶　郑江淮："理解战略性新兴产业的发展：概念、可能的市场失灵与发展定位"，载《上海金融学院学报》2010年第4期，第5~10页。

常小，存在较大的不确定性，产品的设计没有定型，用以制造产品的机器设备专用性强。❶ 战略性新兴产业的发展有其内在规律性，"新兴"一词具有一定的相对性。

3. 风险性

战略性新兴产业作为新兴产业必然面临较大的风险，主要体现在技术、市场、组织管理、财务和政策的风险。（1）技术风险。战略性新兴产业的关键是技术创新，而技术创新风险不可度量。由技术模仿者变成同行者，就必须面对技术创新的不确定性和研发投入的高风险。（2）市场风险。一项技术能否被推广，往往取决于市场需求。技术先进不一定是取胜的关键，技术的市场需求、产品化成本、消费者习惯以及市场规模等因素都可能影响战略性新兴产业的发展。（3）管理风险。管理的不确定性主要表现在：技术创新和产业化主体的不确定性；企业组织内部的不协调性。（4）财务和政策风险。大部分新兴产业在发展初期都会遇到融资困难，资金不足等问题。

4. 导向性

战略性新兴产业除具有一般新兴产业的特点之外，

---

❶ 朱瑞博、刘芸："战略性新兴产业的培育及其自主创新"，载《重庆社会科学》2011年第2期，第45~53页。

其发展还具有政策导向性特点。国家相关政策对战略性新兴产业的选择具有信号导向作用，代表政府未来重点扶持的行业，是引导资金投放、人才集聚、技术研发、政策制定的重要依据。因此，战略性新兴产业的选择对产业发展具有一定的导向性。

5. 创新性

技术创新是战略性新兴产业发展的核心，战略性新兴产业的发展必须随着技术创新的进步尤其是拥有自主知识产权的技术创新的产业化进程不断发展。战略性新兴产业属于知识技术密集型产业，技术创新是产业发展的内在需求，对技术创新的研发投入以及现有技术创新能力决定了战略性新兴产业的发展水平和未来走向。

6. 复杂性

战略性新兴产业面临技术的复杂性、产业化的复杂性和产业链的复杂性问题。技术的复杂性主要表现在技术研发的长期复杂性，难以预期的相关技术支持和配套问题。产业化的复杂性表现在战略性新兴产业通常因为技术跨越多个领域导致的产业化复杂化过程，以及产业链和产业分工的不同，需要企业产业链上下游之间密切配合，但是在产业发展初期，其产业链的各个环节比较难以协调发展，制约产业发展速度，增加战略性新兴产业的技术产业化的复杂性。目前，战略性新兴产业处于发展的初期阶段，具有很强的不确定性。现阶段战略性新兴产业核心技术和主导设计还不够完善，其核心技术、产业化、市场需求等方面的不确定性以及从创新中获利的不确定性等因素可能使得战略性新兴产业的发展过程更加复杂。

二、强化战略性新兴产业知识产权管理的重要性和必要性

积极发展战略性新兴产业已成为世界主要国家或者地区占据新一轮经济发展和技术创新制高点的重大战略选择。面对世界经济发展整体不景气的竞争形势，世界主要国家及地区均不断加大对战略性新兴产业及相关科技创新的投入，加快对战略性新兴技术创新及其知识产权进行布局，试图凭借在这些产业中的技术创新和知识产权优势抢占新一轮经济发展的制高点。战略性新兴产业主要依赖新兴技术创新，是知识产权密集型产业，强化该产业的知识产权战略是促进战略性新兴产业发展的关键。

（一）战略性新兴产业与知识产权

知识产权与战略性新兴产业关系密切已经成为共识。战略性新兴产业由新兴科技与新兴产业深度融合而成，技术与知识非常密集，其发展须依靠知识产权的创造、运用、保护和管理。高强度的研发投入依赖创新成果的知识产权化来化解重大投资风险。知识产权在战略性新兴产业中的有效运用会极大促进产业发展。只有加强知识产权保护，才能确保企业实现创新收益，进而实

现创新要素的合理配置和创新资源的有效利用。同时，国际化发展和全球化竞争也必然要求知识产权的前瞻性全球布局。

1. 战略性新兴产业领域知识产权出现新特征

战略性新兴产业的技术积累和产业化态势已经在全球范围内引起该领域知识产权出现以下新特征。（1）大量涌现战略目标明确的专利组合，知识产权结构性布局成为重点。在大多数战略性新兴产业领域，单项知识产权的竞争力明显降低，知识产权集合竞争变得越来越重要。专利组合的创造和运营越来越多，专利结构性布局成为战略性新兴产业知识产权的突出特点。（2）企业知识产权竞争激烈，知识产权合作模式复杂。企业间知识产权竞争与合作状况，直接影响其生存和发展的状况，甚至影响到产业的发展方向。由于战略性新兴产业的发展依赖于共性关键技术的突破，多方甚至多国共同完成创新的合作模式是实现共性关键技术突破的有效途径，以知识产权为纽带的创新合作更加多样，新型技术创新联盟和知识产权联盟不断涌现。另外，新技术突破和市场策略变化致使知识产权纠纷愈加频繁，知识产权诉讼成为影响市场竞争格局的重要手段。伴随战略性新兴产业的培育和发展，知识产权竞争更加激烈，合作模

式更加复杂。❶

2.战略性新兴产业发展引发知识产权竞争新趋势

战略性新兴产业的技术积累和产业化发展引发的知识产权竞争新趋势主要表现在以下五个方面。（1）战略性新兴产业领域专利申请量和授权量急剧增加。为了在战略性新兴产业知识产权竞争中获得优势，不同国家或者地区争先恐后地在一些基础性、前沿性、关键性技术领域获得突破，并申请大量的专利，抢占技术先机，取得垄断权。2009~2013年，我国战略性新兴产业发明专利授权量年均增长率为12.96%。七大战略性新兴产业中各产业发展态势不均衡，新一代信息技术产业、生物产业、节能环保产业的发明专利授权数量大，三个产业的授权量之和超过战略性新兴产业发明专利授权合计量的七成，显示支柱性地位。从增速上看，近五年新能源产业、新能源汽车产业、生物产业的发明专利授权增幅明显，年均增长率依次为32.59%、25.46%和24.31%。❷（2）涉及战略性新兴产业的组合专利申请数量急剧增加。在电信、清洁能源汽车、生物技术、新材料、智能网络技术领域，很多产品都包含成百上千甚至更多的专利，这些战略性新兴产业的知识产

---

❶　田力普：“知识产权是培育和发展战略性新兴产业的关键”，载《经济日报》2012年5月4日。

❷　国家知识产权局：“战略性新兴产业发明专利统计分析总报告”，载http://www.sipo.gov.cn/tjxx/yjcg/201504/P020150422347216350682.pdf. 2015-09-12。

权竞争已经变成专利组合的创造和运用的竞争，知识产权结构性的布局将成为战略性新兴产业知识产权发展的重要特征。（3）战略性新兴产业领域知识产权将出现新的合作模式。战略性新兴产业的发展依赖于关键技术的开发与突破，不同领域的创新主体，甚至不同国家或地区的创新主体协同完成技术创新的开放式合作模式将是突破关键技术的主要模式，由此产生的以知识产权为纽带的创新合作将引发专利联盟等知识产权有机组合的新模式。（4）知识产权运用将成为战略性新兴产业的重要推手。战略性新兴产业发展存在创新要求高，但市场规模小；增长潜力大，但投入风险高；市场国际化，但竞争更激烈等特征。这些特征将使战略性新兴产业企业更加重视知识产权的运用。因此，努力创新知识产权的运用和运营模式，充分发挥知识产权对战略性新兴产业发展的提升作用，是促进战略性新兴产业发展的重要措施。（5）战略性新兴产业领域知识产权竞争将更加激烈和复杂。随着新兴市场国家的迅速发展，其通过发展战略性新兴产业调整产业结构、转变经济发展模式的趋势越来越明显。因此，发达国家和新兴国家在战略性新兴产业中知识产权的竞争将更加激烈和复杂。❶

---

❶ 孟海燕："实施知识产权战略是培育和发展战略性新兴产业的关键"，载《中国发明与专利》2011年第9期，第17~18页。

　　总之，在新的国际竞争环境下，战略性新兴产业拥有自主知识产权的产品和技术是获得市场竞争力的根本保障。建立以知识产权管理为基础的产业经营管理体系，是我国参与国际市场竞争的迫切要求。正如施乐公司许可部前主任杰·达列莱尔(Joe Daniele)所指出："知识产权管理是研发到市场的直接连接"。❶ 实施国家知识产权战略，大力提升知识产权创造、运用、保护和管理能力，充分发挥知识产权在转变经济发展方式中的支撑引领作用，才能全力推动经济进入创新驱动、内生增长的可持续发展轨道，推动战略性新兴产业快速发展。

　　3. 强化知识产权管理对战略性新兴产业发展的新作用

　　强化知识产权管理对战略性新兴产业发展的重要作用主要表现在以下四个方面。（1）强化知识产权管理有助于整合战略性新兴产业技术资源。新兴技术往往是链式创新，需要企业、科研院所、高等院校和个人等不同类型创新主体协同创新。战略性新兴产业相关企业尤其需要与其他创新主体协同创新，借助知识产权资源优势形成利益分享格局，通过强化知识产权管理，整合战略性新兴产业技术资源。（2）强化知识产权管理有助于激励战略性新兴产业自主创新。知识产权可以对自主创新进行有效激励，促进战略性新兴产业相关企业进行更多

---

　　❶　Edward Kahn, Patent Mining in a Changing World of Technology and Product Development, *Intellectual Assets Management*, July/ August,2003.

的研发投入，强化知识产权资源优势。拥有知识产权优势的战略性新兴产业相关企业，可以运用其知识产权优势获得更多竞争资源，提升其行业地位。（3）强化知识产权管理有助于战略性新兴产业价值增殖。知识产权制度增加了战略性新兴产业相关企业的重要无形资产。相关资料显示，苹果公司有形资产相比总资产几乎可以忽略不计，这反映出创新和知识产权对于新兴企业的价值。（4）强化知识产权管理有助于引导战略性新兴产业通过自主创新获得竞争优势。知识产权制度有利于技术标准的制定，从而规范市场竞争。知识产权制度为新兴企业技术创新过程中可能出现的创新纠纷提供了解决的标准。强化知识产权管理有助于防范和解决知识产权纠纷。知识产权管理贯穿新兴产业发展的全过程，有助于引导企业通过创新活动获取竞争优势。❶ 总之，强化知识产权管理对战略性新兴产业相关企业整合技术资源，增加产业价值，取得竞争优势，进而促进战略性新兴产业健康快速发展具有重要意义。

（二）知识产权管理对战略性新兴产业发展的重要性

强化知识产权管理是提高开发和利用知识产权效率的有效途径。知识产权制度通过合理确定人们对于知识

---

❶ 贾品荣："培育和发展新兴产业需要知识产权战略"，载《中国经济时报》2010年10月22日。

及其他信息的权利，调整人们在创造、运用知识和信息过程中产生的利益关系，激励创新，推动经济发展和社会进步。知识产权管理对战略性新兴产业发展的重要性主要表现在以下方面。

1. 知识产权战略管理是战略性新兴产业健康发展的重要保障

由于知识产权制度在我国建立的时间还不是很长，知识产权文化还没有真正形成，不少企业缺乏自主知识产权。尤其是知识产权管理水平不高，对品牌与商标缺乏有效管理，缺少在国外的专利技术布局，致使我国企业不断遭遇国外跨国公司的国际知识产权诉讼。与此相反的是，跨国公司不断加大知识产权战略布局，利用"专利先行"实现"跑马圈地"，通过早期的专利布局赢得市场竞争的先机，以知识产权为名的商业阻击战将越来越激烈。❶ 随着中国经济的不断强大，政府和企业对知识产权战略的重视，低成本已经不再是中国企业独有的优势，自主知识产权将成为中国未来经济的主要增长点。❷ 因此，战略性新兴产业相关企业应该及时制定知识产权战略，并重视知识产权战略的管理与实施效

---

❶ 操秀英、何建昆："战略性新兴产业知识产权研究等待破题"，载《科技日报》2011年4月21日。

❷ 汤建辉："发展战略性新兴产业亟须知识产权保护"，载《湖北日报》2010年12月11日。

果，促进战略性新兴产业健康发展，进而提升我国战略性新兴产业的整体竞争力。

2. 知识产权科学管理是获得战略性新兴产业财富的重要途径

对于战略性新兴产业而言，知识产权是一种稀缺的无形资产。知识产权管理能够充分发挥知识产权在技术创新方面的功能，通过引导创新方向、整合资源、激励创新来最大化产品的增值。运用系统化知识产权战略来助推战略性新兴产业的过程，也是提升我国对知识产权的管理水平的过程，需要政府、企业、科研单位、行业协会、专业机构各方共同努力。在这个过程中，创新主体需要强化知识产权管理的科学性，增强相关企业的知识产权优势，提升战略性新兴产业的产业价值。

3. 知识产权保护管理为战略性新兴产业发展提供不竭动力

战略性新兴产业是以技术创新为基础的新兴产业，具有较大的风险性，培育和发展战略性新兴产业，从事这些产业的创新主体和投资者要以获得相当程度的利润空间为预期，否则便难以发展。而这些产业所涉及的高新技术必须以知识产权保护为前提，因此，强有力的知识产权保护是培育和发展战略性新兴产业的前提，高效的知识产权保护管理则成为战略性新兴产业发展的不竭动力。

4. 知识产权运用管理是战略性新兴产业创新成果市场化的纽带

在市场机制的作用下，知识产权运用和运营方面的管理将有效推动战略性新兴产业的科技创新力、市场驱动力、与市场竞争力的有机融合，从而有效衔接创新主体的技术创新和市场竞争，并通过市场化的创新资源配置作用，有效促进战略性新兴产业创新成果的市场化和产业化，最终实现战略性新兴产业的健康发展。在这个过程中，知识产权运用和运营管理将成为战略性新兴产业创新成果市场化的纽带。

5. 知识产权服务管理水平影响战略性新兴产业的发展速度

不同类型创新主体拥有的知识产权，尤其是战略性新兴产业拥有发明专利授权量的数量及这些发明专利的质量，构成我国战略性新兴产业发展的知识产权基础。市场主体，尤其是企业的知识产权产业化的水平和程度及其对知识产权许可、转让、质押、出资等运用能力是战略性新兴产业发展的关键因素；知识产权保护水平以及执法力度的强弱是战略性新兴产业发展的前提。但是，无论战略性新兴产业知识产权的创造、运用，还是战略性新兴产业知识产权的保护，都离不开知识产权服务行业的支撑。知识产权服务业及其管理水平在很大程度上影响着战略性新兴产业发展的速度。

6. 知识产权涉外管理是战略性新兴产业参与国际竞争的重要条件

战略性新兴产业的特征决定了该产业必须具有很高的国际化发展趋势。该产业中的创新主体或者市场主体要想在创新环境开放、产业链全球布局以及创新资源全球配置的条件下获得竞争优势，只有在全球主要市场形成知识产权相对优势，才有可能取得整个产业的发展优势，从而保持其市场竞争力和可持续发展能力。❶加强战略性新兴产业相关企业的知识产权涉外管理，是战略性新兴产业相关企业参与国际竞争的重要条件。

（三）战略性新兴产业知识产权管理的必要性

创新是战略性新兴产业生存和发展的根本和源泉。高技术含量、高风险的特点，决定了战略性新兴产业对创新成果寄予更高的收益回报。战略性新兴产业亟须将自身的发展特点和知识产权管理充分结合，将知识产权管理融入产业整体发展规划中，通过一套完整、有效的知识产权管理制度实现企业的发展战略，强化建立战略性新兴产业知识产权管理制度的必要性。

与传统产业或成熟产业相比，新兴产业更需要知识产权管理，其原因有以下三个方面。（1）战略性新兴产

---

❶ 孟海燕："实施知识产权战略是培育和发展战略性新兴产业的关键"，载《中国发明与专利》2011年第9期，第17~18页。

业市场的风险高。技术创新成果形成的产品在投入市场后，可能因为市场需求变化导致该创新产品与市场预期效果存在差异，所以战略性新兴产业相关企业的创新产品将面临一定的市场风险。（2）战略性新兴产业企业面临新旧产品结构的困难。专利竞赛模型表明，一个企业在某时点上作出发明和获得专利的概率，仅取决于企业目前的研究开发费用，而与过去的研发经验无关。企业既要生产原有产品获取利润，又要增加研发投入开发新产品，将面临产品新旧结构的调整困难。（3）战略性新兴产业相关产品容易被仿冒。新兴技术成果完成后，需要将其与产品相结合，并寻求技术产业化，然后推向市场。如果新兴产品投向市场，就可能为新兴企业带来较高的利润，从而可能引起其他商家对新兴产品的仿冒，此时，知识产权制度将赋予知识产权权利人阶段性市场垄断权利，使其收回前期投入和取得应有利润。❶ 具体而言，战略性新兴产业对知识产权管理提出四个新的要求。

1. 战略性新兴产业的科技性要求提升知识产权管理的强度

战略性新兴产业是新兴科技和新兴产业深度结合形

---

❶ 贾品荣："培育和发展新兴产业需要知识产权战略"，载《中国经济时报》2010年10月22日。

成的，具有长期稳定的市场需求潜力，具有良好经济、科技和社会效益，具有带动一批产业兴起，进而推动新一轮产业革命，最终形成战略性支柱产业的产业。大力发展战略性新兴产业是我国未来在激烈竞争的全球经济中取胜之策，关系到我国经济、科技、文化和社会等多个领域能否实现科学发展观。❶ 只有真正拥有大量的核心技术的自主知识产权基础上的新兴产业，才能符合科技性要求的战略性新兴产业。战略性新兴产业要在国内外激烈的市场竞争中实现可持续发展，就必须以较强的技术创新能力和足够的知识产权为基础。知识产权管理要适应新兴产业高技术性的特点，能够在技术创新的创意酝酿阶段、技术研发阶段、产品开发和规模化生产阶段、战略布局等不同阶段提供帮助，提供对产业发展动向、科技发展趋势、市场需求前景等信息，同领域核心专利技术、主要专利技术和相关专利技术进行全面准确的检索、分析和评估等服务；帮助服务对象正确选择权利规避策略，确立研发方案，制定专利申请策略和专利布局规划，进行价值链分析，力求处于价值链的高端；帮助服务对象降低研发和产业化成本，规避市场风险，追求经济价值和社会价值的最大化。

---

    ❶   韩永进："城市创新经济结构体选择战略性新兴产业路线图研究"，见《2010年度京津冀区域协作论坛论文集》，第295～302页。

2. 战略性新兴产业的不确定性需要强化知识产权管理的精度

战略性新兴产业发展的不确定性主要表现在以下四个方面：（1）原始技术创新的不确定性。原始技术创新难免会与传统观念及方法发生冲突，遇到许多困难和失败，所以原始创新整个过程充满不确定性。（2）科学技术的不确定性。战略性新兴产业的技术创新难度大，核心技术不确定，其技术创新的实用性和商业价值很难预估。（3）高科技人才的不确定性。战略性新兴产业相关企业面临核心人才流失的困境，不利于形成稳定的产业链，将创新技术最大化转化为商业价值。（4）外部竞争的不确定性。由于知识产权具有排他性和独占性，许多企业彼此追逐和竞争，竞争对手时时处于变动状态。以上不确定性体现了战略性新兴产业面临的巨大风险，其知识产权管理也必须要有较高的精确度，能够覆盖产业发展的各个环节。风险是无形的，是客观存在的，但在一定条件下有一定规律，具有可控性。企业可以设置有效的知识产权管理机构，实施知识产权管理制度，通过对知识产权风险的识别和评价等知识产权管理活动，降低、规避、转移和控制创新风险。❶

---

❶　漆苏、朱雪忠、陈沁："企业自主创新中的专利风险评价研究"，载《情报杂志》2009年第12期，第1~4页。

3. 战略性新兴产业发展的竞争性要求知识产权管理的高效性

战略性新兴产业产品具有极高的附加值，能为企业带来可观的利润。战略性新兴产业在通过大量研发投入，获得相应的战略性新兴产业技术创新成果后，就需要将这些技术产品化，同时增加产品的附加值，然后将新产品产业化。战略性新兴产业技术创新、产品化和产业化的整个过程都面临激烈竞争。在日新月异的科技时代，信息传播极为迅速便捷，信息公开的渠道也越来越丰富，助长了战略性新兴产业的动态性、外部性和复杂性特征。产品之间的可替代性增强，加剧了企业之间的竞争，独占性的知识产权带来的巨大利润使企业间的竞争更加激烈。为了适应高速发展的技术革新，防止恶性竞争和垄断，保障市场主体的良性竞争环境，需要建立高效的知识产权管理与之相配套。

4. 战略性新兴产业的战略性要求提升知识产权管理的高度

战略性新兴产业的自主创新水平不仅关系未来主导产业的竞争优势，也关系国家经济安全和国家竞争力的提高。要把握全球产业调整机遇，统筹国内国际形势，积极发展具有广阔市场前景、资源消耗低、带动系数大、就业机会多、综合效益好的战略性新兴产业。但是战略性新兴产业的培育和发展受到市场前景、成长潜力、资源条件、产业结构等要素影响，由于投资热情高、配套技术和基础设施发展不同步，可能会出现后续环节阶段性的"阻塞"和前端技术配套性的"过剩"等不可持续发展的现象。要科学分析战略性新兴产业发展过程中面临的各种问题，把握好产业发展的规律和节奏，打通战略性新兴产业发展各环节间的障碍，促进战略性新兴产业健康和可持续发展。继续加大对前沿性、关键性、基础性和共性技术研究的支持力度，把自主创新政策的着力点聚焦到支持产品研发的前端和推广应用的后端上，创新适应新兴产业发展的商业模式，为自主创新产品打开市场做好服务工作。❶ 要达到上述要求，必须对战略性新兴产业中的技术、产品等进行高强度和高效率的知识产权管理。为了真正把战略性新兴产业摆在国家经济发展的战略性地位，要科学分析战略性新兴产业自主创新过程的背景和所面临的各种问题，把握好产业自主创新的规律和机制，实施知识产权战略，建立科学的知识产权管理制度，对相关知识产权进行科学管理，才能真正促进战略性新兴产业快速健康发展。

---

❶　万钢："把握全球产业调整机遇 培育和发展战略性新兴产业"，载《求是杂志》2010年第1期，第28~30页。

三、国外战略性新兴产业发展及其知识产权管理状况

　　发展战略性新兴产业已经成为国际金融危机过后发达国家寻找经济复苏和经济增长的新着力点。世界各国纷纷出台以培育和发展新兴产业为核心的新经济战略。尤其是美日欧等发达国家或者地区都根据本国经济发展情况和技术创新水平，推出了支持本国战略性新兴产业发展的政策，同时强化这些技术领域的知识产权政策。近年来，世界范围内战略性新兴产业领域的专利申请量和授权量，尤其是发明专利申请量和授权量迅速增加。全球性的专利结构性布局已经成为战略性新兴产业相关企业抢占技术制高点的重要策略，发达国家聚焦战略性新兴产业领域未来竞争的态势十分明显。因为战略性新兴产业是知识产权高度密集的产业，所以培育和发展战略性新兴产业，必须高度重视知识产权管理。❶ 因此，本部分归纳美国、欧盟和日本等国家或地区战略性新兴产业及其知识产权管理的经验和特色，为我国及重庆市战略性新兴产业的知识产权管理提供借鉴。

---

　　❶　田力普："知识产权是培育和发展战略性新兴产业的关键"，载《经济日报》2012年5月4日。

（一）美国战略性新兴产业发展及其知识产权管理特征

20世纪后期，美国政府更加重视关键性产业技术、新兴产业对经济发展的带动作用，并采取各种措施为其提供有效的政策保障，先后制定并实施了"信息高速公路""制造技术推广计划""先进技术计划"等一系列旨在发展高新技术产业的战略性指导产业发展的政策或计划。这些政策或计划对美国成为世界科技强国，优化和升级经济产业结构产生了巨大的推动作用。进入21世纪，美国政府先后颁布了《2005年国家能源政策法》和《美国能源独立及安全法》。2009年2月，美国总统奥巴马签署《2009年美国复苏和再投资法案》，推出总额为7 870亿美元的经济刺激方案，其中70%用于科技研发，在1 200亿美元的科研费用投入中，新能源和提升能源使用效率项目占468亿美元，生物医学领域的基础性研发投入占100亿美元，在航天、海洋和大气技术领域增加科研投资20亿美元；投入能源输配和替代能源研究189亿美元、节能产业研发218亿美元、电动汽车研发和推广200亿美元，并投入7.77亿美元建立46个能源前沿研究中心。2009年6月，众议院通过对其内容存在很大争议的《美国清洁能源安全法》法案，表明美国国会在新能源发展议题方面已经达成基本共识。2009年9月，美国政府出台的《政府的创新议程》将新能源、生物医药、智能电网、健康信息、交通的技术开发和产业发展作为国家优先发展的领域。奥巴马在2010年年初发表的国情咨文中提出，从2011年起，除国家安全、医疗和社会保障以外的政府开支将被冻结三年，但在新能源、教育和基础设施等方面将继续增加投资。由于美国当前能耗的69%用于交通业，所以奥巴马还要求政府投资6亿美元促进消费者购买更加节能的车辆。[1] 另外，美国还颁布了《创新战略：推动可持续增长和高质量就业》，重构国家创新基础，强化创新要素，扶持重点产业发展。

美国采取措施发展新能源、节能环保、新一代信息与网络技术、生物技术、航天航空及海洋等新兴产业，抢占新一轮科技与产业革命的制高点，实现其经济转型。这些使得美国产业呈现新的发展趋势：（1）催生能源产业。美国政府主张开辟能源产业发展新路径，发展清洁能源和低碳技术，确保美国能源安全和能源独立；同时通过发展新能源产业实现美国产业结构的战略转型，为经济增长和繁荣打下坚实基础。到2012年美国电力总量的10%来自风能、太阳能等可再生能源，2025年要达到25%；到2020年汽车燃油经济标准从现在的每加

---

[1] 彭金荣、李春红："国外战略性新兴产业的发展态势及启示"，载《改革与战略》2011年第2期，第167~171页。

仑汽油行驶44.3千米提高到56.3千米；在2030年之前将石油消费降低35%，化石燃料在美国能源供应中的比例将下降到79%；进口石油依存度将从2007年的58%下降到41%，天然气进口依存度将从16%下降到14%。（2）信息网络产业领跑全球。重点发展下一代宽带网络，普及宽带网络使用。（3）重振制造业，向实体经济回归。美国政府推出了《美国制造业促进法案》等政策和措施，投入规模达170亿美元左右，鼓励科技创新，支持中小企业发展。（4）发展生物医疗产业。在联邦政府的研发预算中，投入生命科学研发经费达到民用研发总投入的50%；政府拨款190亿美元用于卫生信息系统建设；投入100亿美元推动技术创新和医保系统。（5）巩固航天和海洋"王者"地位。实施新的太空计划，研制新一代载人飞船"猎户座"探索飞行器；鼓励各类私人公司建造和发射多种航天器；进一步开展月球、火星和其他星球深空探索；研发即插即用"积木卫星"；实施太空武器计划；切实推动远近地轨道的太空探索。❶ 由此可以将美国战略性新兴产业发展的思路概括为：以新能源等新兴产业为驱动力，寻找经济发展的新契机和新的经济增长点。

---

❶　沈坤荣、杨士年："美国的战略性新兴产业发展趋势及其启示"，载《群众》2011年第8期，第76~77页。

美国一直重视知识产权对经济发展的促进作用，尤其是战略性新兴产业知识产权管理的重要作用。为了适应经济发展形势，特别是战略性新兴产业的发展，美国近年来在知识产权管理方面出台了一系列政策和措施：2009年9月，美国政府公布《美国创新战略》；2010年6月，美国政府公布《知识产权执法联合战略计划》；2010年7月，美国专利商标局提出制定《21世纪国家知识产权战略》。可见，美国在知识产权政策方面已经为战略性新兴产业发展做好了保驾护航的准备。美国知识产权管理体系大致包括四个方面：（1）根据社会经济科技产业发展情况及时修改《专利法》等相关法律；（2）联邦各级法院在审理知识产权案件时，会考虑产业发展的因素；（3）美国专利商标局在专利的审查、公开等项事务性工作中会考虑战略性新兴产业发展的因素；（4）其他政府机构，如国防部、能源部、农业部、宇航局、商务部及卫生部等都会出台一些有利于提高战略性新兴产业知识产权管理效率的措施。

（二）欧盟战略性新兴产业发展及其知识产权管理特征

欧盟政府通过实施一系列鼓励产业发展的政策支持战略性新兴产业发展。20世纪90年代，欧盟确立了造船工业、汽车工业、高技术制造业、IT产业等作为战略性新兴产业，将IT产业作为经济发展的驱动力，并强调以推动和促进工业结构的有效调整和加速高科技产业发展为主导，加大对研发创新（R&D）投资力度等，促进这些产业可持续发展。20世纪90年代世界金融危机发生之前，欧盟重点发展节能环保产业。到2007年，欧盟委员会提出欧盟一揽子能源计划：到2020年将温室气体排放量在1990年的基础上至少减少20%，将可再生能源占总能源耗费的比例提高到20%，煤、石油和天然气等能源消耗量减少20%，生物燃料在交通能源消耗中的比例提高到10%。在2050年将温室气体排放量在1990年基础上减少60%~80%。为实现该目标，欧盟制定了包括风能、太阳能、生物能、智能电力系统、核裂变、二氧化碳捕集、运送和贮存等的新能源综合研究计划。随后欧盟制定了发展"环保型经济"规划，筹措1 050亿欧元，计划在2009~2013年，打造具有国际水平和全球竞争力的"绿色产业"，初步形成"绿色能源""绿色电器""绿色建筑""绿色交通"和"绿色城市"等产业的系统化和集约化，以此作为欧盟产业调整及刺激经济复苏的重要支撑点，为欧盟在环保经济领域长期保持世界领先地位奠定基础。为此，法国政府宣布将建立200亿欧元的"战略投资基金"，主要用于对能源、汽车、航空和防务等战略企业的投资。英国为了应对目前的经济衰退，启动了一项批量生产电动车、混合燃料车的"绿色振兴计

划"，希望通过"低碳经济模式"从经济衰退中复苏。❶
2006年，德国联邦政府颁布的《德国高技术战略》确定
的高技术创新范围包括三个方面（共17个技术领域）：
首先是优先创新领域，包括发展新诊断和医疗技术、国
家安全技术和能源技术；其次是通信与移动创新领域，
包括信息与通信技术、运输工具与交通技术、航空航天
技术、宇航技术等；最后是横向创新领域，包括纳米技
术、生物技术、微系统技术、光技术和材料技术。2010
年7月，德国政府通过的《思想·创新·增长——德国
2020高技术战略》指出：德国面临几十年来最严峻的经
济与金融政策挑战，迎接挑战的方法在于依靠强化创
新，发展新兴产业技术，并对气候及能源、健康及营
养、交通、安全和通信五大技术领域进行重点发展。❷
可见，欧盟战略性新兴产业的特点是以基础创新为出发
点，以产业政策支撑、产业资金支撑为依托，促进欧盟
各国新兴产业的发展，占领世界的制高点。

欧盟一直将产业知识产权战略作为一种重要的国
际话语权。欧盟委员会有关专家认为，知识产权不仅可
以使企业获得并维持可持续的权益，同时还涉及相关领

---

❶ 黄海霞："全球战略性新兴产业攻略"，载《瞭望新闻周刊》2010年第9
期，第56~58页。
❷ 俞章云："德国发展战略性新兴产业的借鉴意义"，载《浙江经济》2011年
第23期，第40~42页。

域的制度健全、机构设置和产业的生产与再生产规模。可以发现，近年来欧盟制定并实施的所有与知识产权相关的政策或者计划，都与其产业经济发展，尤其是战略性新兴产业发展存在密切关系。欧盟国家不仅重视知识产权的创造和保护，而且非常重视知识产权的运用和管理。在知识产权国际规则的形成和发展方面，欧盟国家与美国具有较多的共同利益，其基本立场一致。但是欧盟与美国在国际知识产权保护问题方面也存在一些明显差异。由欧盟委员会提出的新的知识产权保护计划涉及专利权、商标权和著作权等多个方面，并强调加强对假冒、盗版的打击行动，主张设立统一的专利法庭，解决专利权纠纷。在鼓励战略性新兴产业发展方面，欧盟制定的"2020战略"中，将技术创新作为实现可持续发展和创造就业的重要支柱，并计划创建高达1 430亿欧元的创新基金。在专利管理体系方面，欧盟委员会在知识产权新战略中提出了建立统一专利体系的立法建议。欧盟知识产权新战略为更好地发展战略性新兴产业提供了一系列的政策保障：建议欧盟正式加入《慕尼黑协定》，由欧洲专利局按照该协定规定的条件颁发"共同体专利"；对商标权、著作权、植物新品种、地理标志等多个涉及知识产权方面的问题提出了建议，为发展战略性新兴产业奠定了知识产权政策基础。欧盟委员会同时表示，欧盟知识产权新战略将努力促进改革创新，保护创作者的权益，同时让消费者更好地享受到受知识产权保护的商品和服务。随着欧盟战略性新兴产业发展政策的不断完善，尤其是知识产权新战略的制定和实施，欧盟战略性新兴产业会在高效的知识产权管理模式中获得更快的发展。

（三）日本战略性新兴产业发展及其知识产权管理特征

日本在应对危机、发展新兴产业方面积累了丰富经验。21世纪以来，日本十分重视发展信息技术等新兴产业。2004年6月，日本的新能源产业化远景构想显示：2030年前，把太阳能和风能发电等新能源技术扶植成商业产值达3万亿日元的支柱产业，石油占能源总量比重由现在的50%降到40%，新能源占能源总量比重将上升到20%；燃料电池市场规模到2010年达到8万亿日元，成为日本的支柱产业。2008年出台的《低碳社会行动计划》要求，在财政资金方面进行扶持和重点发展太阳能和核能产业。同年新修订的《新经济成长战略》提出了实施"资源生产力战略"，将新能源研发和利用的预算由882亿日元增加到1 156亿日元，大力发展太阳能、核能、风能等新能源和低碳产业。2009年3月出台侧重于促进IT技术在医疗、行政等领域应用的为期3年的信息技术发展计划。2009年4月为配合第四次经济刺激计划推出了新增长策略，扶持和重点发展包括医疗与护理、太阳能发电、低碳排放、文化旅游业、电力汽车、环保型汽车等产业。2009年12月提出到2020年的"增长战略"基本方针：重点发展旅游、科学技术、医疗及护理、环境及能源、人才培养及促进就业等六个领域。目前，日本又推出《新成长战略》与《产业结构展望2010方案》，重点培育基础设施、环境能源、文化创意、医疗健康、尖端技术等五大战略性产业。❶ 可以发现，日本非常重视战略性新兴产业的发展，并随着经济发展形势的发展不断调整其重点发展的产业结构。

日本知识产权政策对其战略性新兴产业发展发挥了重要作用。日本曾制定《日本知识产权战略大纲》，通过《知识产权基本法》，明确提出实施知识产权战略，确立"知识产权立国"的方针。❷ 日本产业发展曾受制于美国，所以日本非常重视知识产权的创造、保护和运用，并将知识产权管理贯穿于产业发展的全过程，同时日本企业拥有浓厚的知识产权文化尤其是专利文化的氛围。现阶段，日本企业界已经形成以专利活动为核心的战略发展模式，即"专利文化"模式。随着美日经济发

---

❶ 彭金荣、李春红："国外战略性新兴产业的发展态势及启示"，载《改革与战略》2011年第2期，第167~171页。

❷ 路风、张宏音、王铁民："寻求加入WTO后中国企业竞争力的源泉——对宝钢在汽车板市场赢得竞争优势过程的分析"，载《管理世界》2002年第2期，第110~127页。

展，专利竞争的不断加剧以及知识产权经济价值的日益增加，日本企业特别重视知识产权管理，并在知识产权领域投入大量的人财物管理资源。为了发展战略性新兴产业，日本绝大多数战略性新兴产业相关企业已建立新型知识产权管理机构，制定知识产权管理制度，投入大量的以专利代理人、专利律师和专利工程师为主导的人力管理资源，负责对战略性新兴产业涉及的知识产权进行全面高效的管理。日本企业的知识产权管理机构具有如下特征：（1）知识产权管理人力资源投入较多；（2）将专利和其他知识产权事务的管理职能整合为知识产权部，构成企业核心管理部门；（3）专利和知识产权机构具有较高的位阶，企业董事会议定期讨论知识产权相关事务，知识产权经理可以直接向首席执行官汇报工作；（4）知识产权管理机构可以调动大量资源完成知识产权信息管理职责。❶ 此外，日本特许厅曾公布《知识产权管理评估指标》，以建立对企业知识产权管理现状进行统一评估的标准，使各企业能更加客观地评价企业的知识产权管理、应用状况，以提高经营者的知识产权意识，从而改善知识产权管理，提高企业的竞争力。总之，日本战略性新兴产业的发展过程中，高效的知识产

---

❶ 包海波："日本企业的知识产权战略管理"，载《科技与经济》2004年第2期，第41~45页。

权管理发挥了关键性作用。

（四）韩国战略性新兴产业发展及其知识产权管理特征

韩国在战略性新兴产业发展中的措施是集中财力、物力和人力重点发展低碳与绿色新兴产业。20世纪80年代，韩国为加快处于弱势地位的新兴产业发展，设立"特定研究开发事业费"，扶植"有希望的幼稚产业"的技术开发。进入21世纪，韩国根据信息产业发展需要，2000~2004年将4万多亿韩元集中用于互联网、光通信、数字广播、无线通信、软件和计算机六个新兴产业的技术研发，投资5 000多亿韩元用于光因特网技术的基础核心设备及备件研究。2008年8月，韩国公布《国家能源基本计划》；2009年公布的《低碳绿色增长基本法》中提出的"绿色新政"要求：拟争取在2012年向"绿色经济"投入50万亿韩元，创造96万个工作岗位，建设200万户具备太阳能热水器等的"绿色家园"；争取到2030年将能源的自主性、绿色技术水平和环境绩效指数等提高到发达国家水平，树立绿色国家的形象，使韩国进入世界环境前十大强国。韩国还制定了《新增长动力前景及发展战略》，将绿色技术、尖端产业融合和高附加值服务等领域共17项产业确定为新增长动力产业，其中有6项产业属于绿色技术领域。同时，韩国环境部还提出了加速绿色经济发展的十大绿色技术，知识经济部表示要加大对新能源和再生能源的研发投入。2009年7月，韩国制定了应对气候变化及能源自立、创造新发展动力、改善生活质量及提升国家地位等三大推进战略。这三大战略涉及绿色能源、绿色产业、绿色国土、绿色交通和绿色生活等领域的政策方针，确定韩国发展"绿色能源"的道路：在未来5年累计投资107万亿韩元发展绿色经济，争取使韩国在2020年年底前跻身全球七大"绿色大国"之列。❶另外，韩国政府为了以低碳与绿色为产业重点推进战略性新兴产业发展，出台了资金扶持、减税配套措施、招商引资等一系列的优惠政策，在很大程度上促进了其战略性新兴产业的发展。

韩国在知识产权管理及政策方面的如下措施，有力地推进了其战略性新兴产业的发展。（1）颁布实施《知识产权强国实现战略》，为战略性新兴产业知识产权发展提供政策依据。2009年3月，韩国相关部门制定《知识产权的战略与愿景》。2009年7月，直属总统办公室的韩国国家竞争力强化委员会通过该委员会与政府13个部门联合制订的《知识产权强国实现战略》。（2）推进《知识产权基本法》的制定工作，为战略性新兴产业发展提供知识产

---

❶ 彭金荣、李春红："国外战略性新兴产业的发展态势及启示"，载《改革与战略》2011年第2期，第167~171页。

权法律保障。2009年下半年，韩国政府批准在国务总理办公室成立专门的企划团队，负责协调推进《韩国知识产权基本法》。《韩国知识产权基本法》草案包括七个方面的内容，提出重点从知识产权创造、运用和保护三个方面建设知识产权强国。（3）政府采取多项举措促进战略性新兴产业的知识产权产业化，创造更大的市场价值。政府在增加研发预算的同时，尤其要增加技术转让和实施的预算比例。选择绿色、新增长动力的知识产权，在新技术产业化、走向市场之前提供资金支持。从现在以支援小型项目为主，增加大中型项目；充分挖掘知识产权的市场价值，促进知识产权运用。（4）通过知识产权的整合功能推动战略性新兴产业发展。这些知识产权相关法律及政策的制定和实施，提升了知识产权运用和管理的水平，有力地促进了韩国战略性新兴产业的发展。

四、我国战略性新兴产业知识产权 管理问题及对策

知识产权战略已成为促进战略性新兴产业发展的重要策略之一。掌握产业的核心专利,甚至将核心专利转化为行业标准的要素,就会在很大程度上掌握产业竞争的制高点和市场的主动权,在产业发展竞争中占有优势。发达国家正是通过知识产权和技术标准来控制全球产业链、攫取超额利润的,跨国公司也是通过这一全球性战略工具来遏制竞争对手。❶《国务院关于加快培育和发展战略性新兴产业的决定》强调,要在战略性新兴产业领域加快落实知识产权战略,支持知识产权的创造和运用,强化知识产权的保护和管理。加快培育和发展战略性新兴产业,掌握关键核心技术及相关知识产权,增强自主发展能力。进一步提高我国战略性新兴产业的知识产权创造、运用、保护和管理能力,推动战略性新兴产业的培育和发展。实践证明,在战略性新兴产业发展中占有发展优势,不但需要强化技术创新,而且要强化知识产权的积极创造、有效运用、适度保护和科学管理。

---

❶ 朱瑞博:"中国战略性新兴产业培育及其政策取向",载《改革》2010年第3期,第19~28页。

（一）我国战略性新兴产业知识产权工作的思路和目标

国务院办公厅2012年4月28日转发的《关于加强战略性新兴产业知识产权工作的若干意见》明确了我国战略性新兴产业知识产权工作的思路和目标。

1. 我国战略性新兴产业知识产权工作的总体思路

我国战略性新兴产业知识产权工作的总体思路：以邓小平理论和"三个代表"重要思想为指导，深入贯彻落实科学发展观，坚持市场驱动与政府引导相结合、分类指导与重点突破相结合、先行先试与辐射带动相结合的原则，促进知识产权创造，推动知识产权转化运用，不断提高企业知识产权管理水平，着力优化知识产权保护环境，有效推动企业运用知识产权实现创新发展，稳步构筑知识产权比较优势，为战略性新兴产业快速健康发展提供有力支撑。

2. 我国战略性新兴产业知识产权工作的主要目标

到2015年，我国战略性新兴产业知识产权工作要达到如下目标：（1）知识产权创造能力明显增强。战略性新兴产业领域发明专利拥有量和专利国际申请量分别比2010年增长2倍。积累一批布局合理、结构优化、能增强产业竞争力的核心技术专利，在部分产业形成局部优势。打造一批国际知名商标、软件和版权。在战略性新兴产业领域国际标准制定中的影响力明显增强。（2）知识产权运用水平显著提高。形成以咨询、评估、金融、法律等为重点，全方位配套、一体化衔接的知识产权服务体系和以知识产权为纽带的产学研合作机制。战略性新兴产业知识产权融资和转移转化渠道更加顺畅，知识产权运用环境更加优化。企业运用知识产权参与国际市场竞争的能力明显增强。（3）企业和研发机构知识产权管理能力普遍加强。初步形成符合战略性新兴产业发展特点的企业知识产权管理体系和知识产权战略实施机制。涌现出一批具备知识产权比较优势的领军企业和研发机构，形成一批多层次、多领域的战略性新兴产业知识产权联盟。

到2020年，我国战略性新兴产业知识产权工作的目标为，战略性新兴产业的知识产权创造、运用、保护和管理水平显著提高，知识产权有效支撑战略性新兴产业发展，涌现一批国际竞争力强、具有较强产业影响力和知识产权优势的企业，形成较为明显的战略性新兴产业知识产权比较优势。

（二）我国战略性新兴产业知识产权管理现状

温家宝同志在中央举办的省部级主要领导干部"深入贯彻落实科学发展观　加快经济发展方式转变"专题研讨班上强调要加强知识产权的创造、运用和保护的同时，指出战略性新兴产业代表着科技创新的方向，也代表着产业发展的方向。作为世界竞争的高端和焦点，战略性新兴产业具有高新技术的特点，决定了其本身的知识产权密集性特征。目前，我国战略性新兴产业知识产权管理方面取得了一定成绩。

1. 知识产权制度为战略性新兴产业发展优化政策环境

我国决定大力发展战略性新兴产业之后，各级政府及相关机构制定或采取了一系列的促进战略性新兴产业发展的知识产权政策或措施。2010年10月颁布的《国务院关于加快培育和发展战略性新兴产业的决定》指出，运用知识产权战略促进战略性新兴产业发展成为国家知识产权战略实施的关注重点之一。《2010年国家知识产权战略实施推进计划》提出，"围绕国家科技重大专项、产业调整振兴规划和培育战略性新兴产业部署，建设知识产权工作机制，强化知识产权管理"；《2011年国家知识产权战略实施推进计划》指出，"颁布实施战略性新兴产业发展规划和配套政策，研究制定战略性新兴产业发展指导目录和重点新兴产业行业标准"；《2012年国家知识产权战略实施推进计划》指出，构建战略性新兴产业知识产权推进工作体系，出台培育和发展战略性新兴产业的知识产权配套政策，加强战略性新兴产业中的知识产权分析和布局，突出战略性新兴产业的知识产权导向。

2. 政府部门运用知识产权管理促进战略性新兴产业发展

知识产权管理对战略性新兴产业发展发挥着非常重要的作用。通过推动知识产权战略实施，科技部在"十一五"期间促进战略性新兴产业发展成效显著。在科技部编制的智能电网、洁净煤技术、太阳能发电和风力发电等四个重点专项实施方案中，均对可能取得技术突破和取得专利的方向进行了分析，把获取自主知识产权作为研究任务的重要内容和考核指标之一。尤以电动汽车重点行业863计划"节能与新能源汽车"重大项目的立项实施最具代表性，科技部在其中专门设立"节能与新能源汽车专利技术研究"课题，通过有效运用专利分析，"十一五"期间，"节能与新能源汽车"重大项目共提交国内外专利申请1 775件，其中发明专利申请961件。工业和信息化部在其牵头的重大专项中，均开展了知识产权全过程管理以及专利分析、战略研究和专利评估。在3D电视、国内操作系统、云计算、LED、信息通信、有机发光二极管、光通信网络、智能手机、光伏发电、射频识别LED、宽带无线移动通信、稀土、新材料、数字接口标准等重点技术领域，工信部均推动了专利分析预警工作的开展。我国在重大专项中开展知识产权全过程管理获益良多，如在"新一代宽带无线移动通信网"重大专项中，工信部开发并利用知识产权平台进行专利分析和基本专利评估，专项已实现"十一五"阶段的知识产权目标。受此启示与激励，工信部将在实施知识产权战略的过程中做好重大关键技术的专利前瞻性布局，突破制约发展的关键、核心技术，在关键技术领域形成知识产权比较优势。

国家知识产权局加强了对战略性新兴产业知识产权申请的指导，支持企业在部分产业领域开展知识产权分析及风险评估，在关键技术领域形成知识产权优势。完善专利审查绿色通道制度，提高战略性新兴产业创新成果获得知识产权的及时性。由国家知识产权局起草的《专利申请优先审查管理办法》规定，在优先审查的范围中规定五类适用优先审查的中国专利申请，主要包括涉及节能环保、新一代信息技术、生物、高端装备制造、新能源、新材料、新能源汽车等新兴产业核心技术的重要专利申请，涉及低碳技术、节约资源等有助于绿色发展的重要专利申请等，旨在通过对具有重要经济、社会影响，且具备相当发明高度的中国专利申请进行快速审查授权，为加快重要科技成果转化、培养和发展战略性新兴产业提供积极有力支撑。运用知识产权战略促进战略性新兴产业发展，在最有基础、最有条件的领域突破核心和关键技术，这不仅能够有效缓解我国日趋严峻的资源问题，也将决定一个国家在经济全球化过程中

的作用和地位。❶

3. 战略性新兴产业创新主体在知识产权方面取得显著成绩

我国近年来对战略性新兴产业给予了高度重视和扶持。在2010年1月11日召开的国家科技奖颁奖大会上，七大战略性新兴产业获奖成果占科技进步奖通用项目获奖成果的36%。目前，我国在战略性新兴产业知识产权方面已有一定储备，有的与国外差距很小甚至同步，部分领域还具有领先优势。以下是两个较为典型的案例。

在战略性新兴产业知识产权管理方面较为成功的是中国航天科技集团公司第六研究院（以下简称"航天六院"）。作为我国战略性新兴产业发展的重点企业之一，航天六院结合产业特点，在新能源、新材料、节能环保等技术领域的自主知识产权创造和取得方面进行了大量的有益探索。航天六院研发了拥有自主知识产权的新一代运载火箭液氧煤油发动机，是一种大推力、无毒、无污染的新型环保发动机，技术水平位居世界前列，在实现节能环保的同时，也使我国成为世界上第二个掌握这类核心技术的国家。近年来，航天六院还积极推动民用技术研发，开发了热能、特种泵阀、化工生

---

❶ 张海志："战略性新兴产业：知识产权引领发展"，载《中国知识产权报》2012年5月23日，http://news.k8008.com/html/201205/news_317848_1.html，2012-05-25。

物、石化、环保、印刷等新兴产业重点技术应用产业项目，形成流体机械、热能工程、光机电一体化等系列产品，广泛应用于石油、化工、煤炭、电力、消防、交通、环保等领域，已申请专利460余件，其中大多数是发明专利申请，获得授权专利200多件，取得良好的经济效益和社会效益。其为"西气东输"国家重点工程专门研制的、具有节能环保新兴产业特点的、有自主知识产权的大型油气泵，部分指标超过国外同类产品水平，为保障国家重点工程战略安全发挥了重要作用。

　　另一个在战略性新兴产业知识产权管理方面较为成功的案例是物联网产业。我国在这一领域的技术研发已有10年，一批关键技术取得重要进展，在知识产权、标准制定、应用示范等方面已走在世界前列，已建成全球规模最大的IPv6互联网，初步形成完整的产业链。关于物联网的专利申请数量虽然不多，但基本以我国企业或个人的申请为主，并且体现出基础研究与应用研究并重的特点，为这一领域实现跨越式发展奠定了基础。❶

---

　　❶　赵建国："抢占战略性新兴产业知识产权制高点"，载《知识产权报》2010年2月5日，http://www.shandongbusiness.gov.cn/index/content/sid/91053.html. 2015-06-04.

（三）我国战略性新兴产业知识产权管理中的主要问题

2010年9月，国务院通过《国务院关于加快培育和发展战略性新兴产业的决定》，从我国国情和科技、产业基础出发，确定了战略性新兴产业的重点发展方向；并强调要强化科技创新，提升产业核心竞争力，加强产业关键核心技术和前沿技术研究，强化企业技术创新能力建设，加强高技能人才队伍建设和知识产权的创造、运用、保护、管理，实施重大产业创新发展工程，建设产业创新支撑体系，推进重大科技成果产业化和产业集聚发展。❶ 在新的发展阶段，我国加快培育发展战略性新兴产业主要面临企业技术创新能力不强，掌握的关键核心技术少，有利于新技术新产品进入市场的政策法规体系不健全，支持创新创业的投融资和财税政策、体制机制不完善等突出问题。从知识产权角度看，我国战略性新兴产业更是存在一些突出问题，制约产业的加快发展和高端突破，必须引起高度重视。

笔者认为，目前我国战略性新兴产业知识产权管理主要存在以下问题。

---

❶ "国务院通过加快培育和发展战略性新兴产业的决定"，载http://www.gov.cn/ldhd/2010-09/08/content_1698604.htm，2010-09-30。

1.战略性新兴产业知识产权管理层次不高

我国战略性新兴产业知识产权管理层次不高表现在两个方面。（1）知识产权管理仅属于策略管理层面，很少属于战略管理层次。在宏观政策方面，我国虽然制定了一系列与知识产权保护相关的法律法规，不同层级的政府出台了不少关于知识产权的相关政策，但是因为我国知识产权文化的形成需要一个较长的过程，知识产权公共意识的提升需要不断强化，更为重要的是产业或者行业知识产权战略还不成熟。这使得我国知识产权制度在战略性新兴产业中实施效果还不是很理想，在不同程度上影响了我国战略性新兴产业相关企业的国际竞争力。在微观决策方面，一些战略性新兴产业相关企业还没有意识到战略性新兴产业知识产权管理的特殊性，甚至对知识产权管理不够重视，只是停留在普通的技术管理层面。企业知识产权管理不同于生产技术管理和一般的知识产权法务管理，它是战略性新兴产业相关企业可持续发展的重要措施之一。（2）知识产权管理重视数量管理，轻视质量管理。随着我国战略性新兴产业相关企业的知识产权意识的普遍提升以及各级政府对知识产权资助等相关政策的实施，大多数企业的知识产权创造和取得能力显著提高，尤其是华为公司、中信通讯公司专利数量迅速提升，发明专利拥有量持续位列全球跨国公司前列。但是对于我国多数战略性新兴产业相关企业而言，它们必须面对拥有的专利质量不高，核心专利不足，缺乏有效的专利布局等问题。与此形成对比的是，发达国家不少战略性新兴产业的相关企业非常注重具有高技术含量的原创性技术的开发以及相关技术的专利申请，这些专利技术在国际市场上具有极大的竞争力。

2. 战略性新兴产业知识产权管理主动性不够

我国战略性新兴产业相关的知识产权管理活动的主动性不够，仍然处于被动管理的层面。战略性新兴产业属于技术密集型产业，也属于知识产权密集型产业，只有掌握该行业的核心专利，甚至是掌握该行业产业标准的制定权，才能在产业发展中掌握市场的主动权，所以企业应该增强知识产权管理的主动性，提升战略性新兴产业相关企业知识产权管理水平。跨国公司通过将核心专利或者专利池设置成为国际行业标准的构成要素，形成技术门槛，最终取得明显的市场优势。正是由于专利与标准的深度结合，发达国家的新兴产业才能实现经济利益最大化、全球化——标准成为新兴企业追求的核心利益点。❶ 战略性新兴产业知识产权管理的主动性不高在一定程度上导致该产业知识产权纠纷不断增加。

3. 战略性新兴产业对知识产权风险积累认识不够

近年来，美日欧等发达国家的跨国企业在战略性

---

❶ 贾品荣："培育和发展新兴产业需要知识产权战略"，载《中国经济时报》2010年10月22日。

新兴产业很多技术领域申请并获得大量核心专利，形成众多的专利组合或者专利池，在全球进行相关产业的专利战略布局。这种情况给我国战略性新兴产业发展带来更多的技术障碍和知识产权风险。以LED技术领域为例，我国LED灯光音响领域的企业面临飞利浦等跨国公司的专利许可压力及侵权指控风险。在太阳能电池技术领域，虽然我国产量位居世界第一，但没有掌握高转换效率的太阳能薄膜电池等新一代光伏电池核心技术。在新兴信息产业技术领域，虽然我国在系统设备研发方面取得明显进展，但在集成电路、光电、高性能计算机等领域的基础性技术还有待突破。在生物医药产业领域，缺乏创新药物和工程化技术与装备。战略性新兴产业这些技术领域已经积累了大量的知识产权风险，但是相关企业对此认识仍有待提升。因此，培育和发展战略性新兴产业，必须掌握一批关键核心技术和专利，重视知识产权管理，化解已经积累的知识产权风险，强化战略性产业技术集成创新，从而促进我国战略性新兴产业的发展。

4. 战略性新兴产业领域知识产权国际合作不够

战略性新兴产业发展是基于全球科技前沿技术领域的新兴创新成果，其特征是在产业链高端呈现共同投资、联合开发、分工与合作等趋势，在技术和知识产权方面的国际合作发展是必然趋势。不过目前不少战略性新兴产业相关企业在国际合作和交流方面存在形式单一、前期合作不够重视、国际资本市场难以利用、国际合作发展水平不高等问题。实践经验证明，一些重大投资项目是因为相关企业对国外知识产权法律制度了解不够，导致国际合作缺失、重复投入、侵权风险、国有资产流失等问题出现，最终导致项目失败。因此，应该根据战略性新兴产业知识产权密集的特点和共同开发投资的发展趋势，以开放思维，积极推进智力、资本和市场的国际深度合作，促进国际战略性新兴产业共同发展。

5. 战略性新兴产业知识产权信息运用能力较弱

专利信息开发对于聚集创新资源、确定研发路径、弥补创新能力不足具有重要意义。而目前我国战略性新兴产业相关创新主体的专利信息开发和运用能力存在较大缺陷，除一些大型企业之外，很多中小企业还不具备独立的专利信息开发和运用能力。政府应该扶持建立公共专利信息开发服务平台，重视我国战略性新兴产业相关企业的专利信息资源开发和运用能力的提升，建立和完善我国战略性新兴产业持续的投入保障并形成长效机制。❶

---

❶ 陶凯元：“关于要高度重视战略性新兴产业发展中的知识产权问题的提案”，载中国政协新闻网，http://news.xinmin.cn/rollnews/2012/03/15/14044723.html，2012-05-18。

6. 战略性新兴产业领域知识产权布局不够合理

知识产权布局在很大程度上影响一个国家或者地区在未来战略性新兴产业布局中的结构和地位。美国兰德公司在其2020年技术预测报告中预测，中国将会在未来16个战略性的关键技术领域中占据重要地位。战略性新兴产业很多技术领域都属于科技发展的前沿，产业技术发展方向存在很多不确定因素，主导技术尚未形成，在不少技术领域的知识产权布局还不够明确。所以，我国战略性新兴产业在一些技术领域提前进行知识产权布局存在一定的可能性。这就要求我国战略性新兴产业相关企业加强知识产权创造，尤其是海外核心专利的布局，争取在相关技术领域形成专利组合或专利池，并且主持或者参与相关产业技术标准的制定。❶

7. 战略性新兴产业领域知识产权发展态势不容乐观

国家知识产权局原副局长李玉光认为，我国战略性新兴产业领域的知识产权发展态势存在以下问题：（1）发达国家格外重视在我国进行知识产权布局；（2）各主要技术领域的核心技术多为国外跨国公司把控；（3）我国战略性新兴产业领域专利申请以国内申请为主，企业缺乏国际布局和参与全球竞争的意识。造成这些现象的原因涉及政策制度、市场主体能力、资源能力保障等多个方面，但知识产权投入不足，特别是政府公共资金投入比例偏低是关键因素。与传统产业相比，战略性新兴产业对知识产权创造、运用、保护和管理的需求更为突出，政府从管理和服务角度加大对战略性新兴产业的知识产权引导和扶持力度，十分必要。❶

另外，在体制机制、市场结构、核心技术和金融政策等方面，我国发展战略性新兴产业还存在一些瓶颈亟待突破。从知识产权视角来看，知识产权管理程序复杂、价值评估困难、许可转让困难，尤其是缺乏核心技术的自主知识产权以及知识产权质押融资难等问题对我国战略性新兴产业发展带来了一定的挑战。

（四）完善我国战略性新兴产业知识产权管理的对策

根据前述问题可以看出，我国战略性新兴产业领域知识产权管理亟待加强。各级政府、企业和研发机构需要提高知识产权管理水平，充分发挥知识产权制度的作用，支持战略性新兴产业健康、快速和可持续发展。为此，国家知识产权局原局长田力普提出从以下几方面加强战略性新兴产业的知识产权工作。（1）积极创造知识产权。知识产权数量质量并重，构建科学有效的知识产

---

❶ 李玉光："加大战略性新兴产业知识产权引导和扶持力度"，载 http://www.nipso.cn/onews.asp?id=13284，2012-05-19。

权价值评价体系，完善知识产权申请与审查制度，引导创新主体对知识产权进行科学布局。（2）有效运用知识产权。拓展知识产权投融资方式，创新知识产权金融产品。创新知识产权转移转化形式，加强知识产权运营体系建设，完善知识产权交易政策。构建以利益分享为纽带的产学研合作新机制。（3）科学管理知识产权。探索知识产权集群管理模式，构建企业有序和合作创新的发展格局。提升企业知识产权管理能力，创建知识产权优势企业，加强企业知识产权信息运用水平和知识产权服务体系建设。（4）依法保护知识产权。关注战略性新兴产业发展动向，提供知识产权保护政策的针对性。建立企业、行业组织、研发机构和服务机构共同参与的维权援助体系。支持不同类型创新主体在海外进行知识产权布局，提升战略性新兴产业相关企业在国外运用知识产权的能力。加大国外知识产权维权援助力度，健全和完善相关知识产权预警应急机制、国外维权和争端解决机制，指导企业及时有效地获得知识产权保护。❶ 在上述要求基础上，笔者仅就应对我国战略性新兴产业知识产权管理问题，提出如下对策。

---

❶ 田力普：“知识产权是培育和发展战略性新兴产业的关键”，载《经济日报》2012年5月4日。

1. 通过完善知识产权管理制度确保战略性新兴产业发展水平

要提升战略性新兴产业发展水平，必须健全和完善知识产权管理制度，提高知识产权创造的质量，营造良好的知识产权保护环境，增强企业的知识产权运用能力。培育和发展战略性新兴产业的主体是企业，运行环境是市场，主要生产要素是技术创新成果。强化企业知识产权管理是保障技术市场有序运行，培育战略性新兴产业的重要条件。这就要求主要做好以下两个方面的工作。（1）根据战略性新兴产业技术领域特征，在不调整相关法律的前提下，运用政策对相关产业的知识产权保护水平进行合理调整。根据专利法权利法定的原则，对战略性新兴产业的创新成果具有可专利性或者说能否纳入专利权保护范围的问题，需要根据该产业对国家安全和社会公共安全的影响进行分析，综合作出判断。对战略性新兴产业产生的创新成果，尤其是在涉及与公共健康、粮食安全和气候变化等问题有关的审查标准时，要在遵守《与贸易有关的知识产权协定》的基础上，充分考虑我国国情，保障公共安全和国家利益。（2）在知识产权管理过程中，善于运用反垄断规则规制战略性新兴产业技术进口中的限制性商业行为。限制性商业行为是指在国际技术转让过程中，技术的转让方或者许可方常常借助交易中的优势地位强迫技术受让方或者被许可方接受不合理的合同条款。因此，要将知识产权政策、反垄断政策和产业政策相结合，出台针对性的指导性意见，避免战略性新兴产业培育过程中因限制性商业行为损害我国企业利益。❶ 总之，在培育和发展战略性新兴产业的过程中，政府需要采取有力措施，出台相关政策，根据产业技术领域特征，优化知识产权管理制度，提高企业知识产权管理水平，促进战略性新兴产业健康和可持续发展。

2. 通过强化知识产权创造和产业化管理夯实战略性新兴产业发展基础

为了夯实我国战略性新兴产业的发展基础，知识产权管理制度要重视以下三个方面的问题。（1）强化战略性新兴产业关键核心技术知识产权的创造和取得管理。我国要在未来国际竞争中占据有利地位，必须加快培育和发展战略性新兴产业，掌握关键核心技术及相关知识产权，增强自主发展能力。要切实完善体制机制，大幅度提升自主创新能力，着力推进原始创新，大力增强集成创新和联合攻关，积极参与国际分工合作，加强引进消化吸收再创新，充分利用全球创新资源，突破一批关键核心技术，掌握相关知识产权。（2）加强战略性新兴产业相关知识产权的产业化管理。发挥知识密集型服

---

❶ 毛金生："掌握核心技术知识产权 培育战略性新兴产业"，载《中国高新区》2010年第10期，http://www.cnki.com.cn/Article/CJFDTotal-GXQZ201010018.htm，2012-05-26。

务业支撑作用，大力发展研发服务、信息服务、创业服务、技术交易、知识产权和科技成果转化等高技术服务业，推进重大科技成果及其知识产权产业化和产业集聚发展。完善科技成果产业化机制，加大实施产业化示范工程力度，积极推进重大装备应用。依托具有优势的产业集聚区，培育一批创新能力强、创业环境好、特色突出、集聚发展的战略性新兴产业知识产权示范园区或企业，形成增长极，辐射带动区域经济发展。（3）积极推进我国战略性新兴产业相关企业知识产权质押融资管理。加快建立包括财政出资和社会资金投入在内的多层次担保体系。积极发展中小金融机构和新型金融服务。综合运用风险补偿等财政优惠政策，促进金融机构加大支持战略性新兴产业发展的力度。

3. 通过强化知识产权战略和预警管理提升战略性新兴产业发展能力

知识产权战略管理、产业布局以及标准制定对战略性新兴产业发展具有非常重要的作用，应该给予足够重视。首先要加强战略性新兴产业知识产权战略管理。加快完善期权、技术入股、股权、分红权等多种形式的激励机制，鼓励科研机构和高校科技人员积极从事职务发明创造。支持知识产权的创造和运用，强化知识产权的保护和管理，鼓励企业建立专利联盟。完善高校和科研机构知识产权转移转化的利益保障和实现机制，建立高效的知识产权评估交易机制。加大对具有重大社会效益创新成果的奖励力度。其次要重视我国战略性新兴产业相关企业在海外的知识产权预警管理。支持我国企业和研发机构积极开展全球研发服务外包，在境外开展联合研发和设立研发机构，在国外申请专利，进行专利布局，为我国企业走向世界做好知识产权准备。再次要鼓励我国战略性新兴产业相关企业和研发机构支持或参与国际标准的制定。完善出口信贷、保险等政策，结合对外援助等积极支持战略性新兴产业领域的重点产品、技术和服务开拓国际市场以及自主知识产权技术标准在海外推广应用。支持企业通过境外注册商标、境外收购等方式，培育国际化品牌。

4. 通过专利加快审查制度增强战略性新兴产业知识产权的质量和优势

我国对于战略性新兴产业核心技术的专利申请实施依请求的加快审查制度，即专利申请人可以请求对于涉及战略性新兴产业核心技术的专利申请予以加快实质审查和优先复审审查，有利于我国创新主体尽早在战略性新兴产业核心技术领域形成竞争优势，有利于构建我国在该领域的核心竞争力。[1] 建立专利加快审查制度对我国战略性新兴

---

[1]　张鹏："战略性新兴产业发展的知识产权制度回应"，载《中国发明与专利》2011年第9期，第19~24页。

产业发展有如下两点好处。（1）提高战略性新兴产业专利审查的质量和效率。对于战略性新兴产业的关键行业和重要领域，专利审查过程可以适当加快，从而加速技术产业化的进程。2009年以来，美、日、英、韩、澳等国均采取措施对绿色专利加速审查。可见，调整知识产权制度的某些环节以适应产业发展的需要已经是各国的普遍做法，我国也应该在不违反《TRIPs协定》的基础上，研究战略性新兴产业中各个分支产业技术的分布特点以及技术的生命周期，选择适当的领域对相关专利申请采取加速审查的策略。（2）根据战略性新兴产业发展需要，合理限定专利权利要求范围。在信息技术中，多是累积型创新，专利丛林现象较多，如果对在先专利权人给予过大的权利范围，将会对后续创新产生影响。例如，在基因技术领域，如果对于基因序列保护范围过大，将会带来垄断问题；对于研究工具的保护，也会对社会公众利益带来不利影响。因此，对战略性新兴产业中的技术进行专利审查时，要充分考虑我国国情，予以适当限定。

5. 通过知识产权布局、质量提升和审查制度强化战略性新兴产业发展后劲

知识产权的合理布局、质量提升和审查制度对战略性新兴产业发展后劲非常重要。这方面建议主要做好以下三方面的工作。（1）通过专利布局规划战略性新兴产业发展。根据战略性新兴产业专利信息，增强创新主体申请专利的针对性，构筑知识产权比较优势。建立、完善和实施重大经济科技活动知识产权审议制度。推动重大科技项目围绕产业发展制定并实施知识产权战略，形成符合市场竞争需要的战略性知识产权组合。（2）通过政策引导提高战略性新兴产业专利质量。完善专利评价指标体系，逐步加大知识产权质量和市场价值在相关考核和评价中的权重，引导创新主体以市场竞争为导向不断提高知识产权质量、优化知识产权结构。实施知识产权质量提升工程，不断提高代理机构、企业、研发机构知识产权质量管理意识和能力。（3）通过优化审查制度促进战略性新兴产业取得更多专利。优化专利审查方式，加强关键技术专利的审查质量管理，支持战略性新兴产业创新成果及时获得稳定性较强的知识产权。

6. 通过强化知识产权保护和执法措施优化战略性新兴产业发展环境

任何知识产权管理的前提都是建立在一定程度的知识产权保护基础上的，所以要想有高效的知识产权管理，必须具有合理的知识产权保护基础。战略性新兴产业发展环境的优化离不开较为完善的知识产权保护制度和执法措施。首先，通过完善知识产权保护法律法规和政策保障战略性新兴产业快速发展。探索制定战略性新兴产业领域新产品、新技术等的专利保护政策，完善相关领域的专利审查标准。积极应对新一代信息技术发展带来的挑战，完善互联网知识产权保护法律法规。其次，通过强化知识产权执法措施优化战略性新兴产业发展环境。强化战略性新兴产业领域知识产权保护，加大战略性新兴产业专业市场和重大技术标准中的知识产权保护力度。将战略性新兴产业领域的维权援助纳入全国维权援助机构的中心工作，建立由多元主体共同参与的维权援助体系。

7. 通过完善专利费用资助制度增强战略性新兴产业知识产权创造能力

我国目前专利费用资助制度包括两类：国家知识产权局实施的针对缴费确有困难的专利申请人或者专利权人的普遍减缓制度；地方政府实施的针对本地专利申请人或者专利权人的专利费用无偿资助制度。国家知识产权局实施的普遍减缓制度伴随着专利制度得以建立，地方政府实施的无偿资助制度从1999年开始试行，目前已经为绝大多数地方政府普遍实施。国家知识产权局 2008年1月21日下发《关于专利申请资助工作的指导意见》，推动地方政府实施的专利费用无偿资助制度加以完善。财政部2009年8月28日下发《资助向国外申请专利专项资金管理暂行办法》，对向国外提出的专利申请加以资助，以引导我国企业构建核心竞争力，积极拓展海外市场。可以说，借助对我国创新主体的公共财政资助，引导和激励了我国创新主体的创新方向。战略性新兴产业核心技术是我国着力发展的创新方向之一，代表了未来先进技术和经济模式的方向。借鉴向国外提出专利申请的资助制度，实施战略性新兴产业核心技术专利申请的专项资助，从而针对引导我国创新主体战略性新兴产业核心技术进行发明创造的积极性，推动我国创新主体在战略性新兴产业核心技术领域的竞争力。❶

---

❶　张鹏："战略性新兴产业发展的知识产权制度回应"，载《中国发明与专利》2011年第9期，第19~24页。

五、重庆市战略性新兴产业知识产权
管理问题及对策

发展战略性新兴产业是我国转变经济发展方式、实现结构优化和跨越式发展的重要途径。只有通过不断的创新，掌握战略性新兴产业的核心技术和关键技术，才能保证战略性新兴产业的健康发展。为此，2011年7月29日由重庆市人民政府发布的《重庆市"十二五"科学技术和战略性新兴产业发展规划》提出重庆要创建"国家重要的战略性新兴产业基地"，到2015年，战略性新兴产业产值超过1.3万亿元，增加值占GDP比重超过20%。2012年8月20日由重庆市知识产权局、重庆市发改委、重庆市财政局等九部门联合颁布的《关于加强重庆市战略性新兴产业知识产权工作的实施意见》提出：到2015年，重庆市战略性新兴产业发明专利拥有量和国外专利申请量比2010年增长3倍以上，积累3 000项以上布局合理、结构优化、能有力增强产业竞争力的核心技术专利。涌现出50家以上具备知识产权比较优势的领军企业和研发机构。打造10个以上中国驰名商标，60个以上出口知名品牌、软件和版权产品，牵头或参与制定20项以上战略性新兴产业领域的国际标准、国家标准或行业标准。战略性新兴产业专利产品产值比重力争达到60%以上，产业利润率力争提高30%以上。到2020年，重庆市战略性新兴产业的知识产权创造、运用、保护和管理水平显著提高，知识产权有效支撑战略性新兴产业发展，涌现100家以上具有一定国际竞争力、较强产业影响力和知识产权优势的企业，在中西部地区形成较为明显的战略性新兴产业知识产权比较优势。可以预见，知识产权管理及其策略将在战略性新兴产业发展过程中具有非常重要的作用。

（一）重庆市战略性新兴产业发展及规划

1. 重庆战略性新兴产业的发展历程

1929年重庆建市以来，产业发展经历两轮大的变化。第一轮是借助抗战内迁，打造了汽车、摩托车及装备制造产业；第二轮是在信息家电工业浪潮中，以阿里斯顿冰箱为代表的"重庆造"声名鹊起，但最终昙花一现。培育战略性新兴产业，已成为重庆面临的第三轮产业浪潮。随着西部大开发新十年的纵深推进、成渝经济区规划的实施、西三角地区的联动、东部产业西移的加速、三峡移民开发后续政策的落实，特别是重庆市统筹城乡改革和发展上升为国家战略，重庆经济将全面步入"快车道"，但由于重庆市是老工业基地，以汽摩、装备、化工、能源为主的重化工业占主导地位，资源环境矛盾集中显现，急需加快产业结构调整，促进发展方式转变。大力培育战略性新兴产业，成为重庆推动新兴科技和新兴产业深度融合的现实选择。与此同时，通过多年发展和积累，重庆市新兴产业发展的方向逐渐明晰，基础逐步完备。近年来，重庆市依靠科技培育新兴产业，在电子信息、新材料、新能源、节能环保、新能源汽车等领域取得突破，攻克了一批关键技术，创制了混合动力汽车、3G手机、胶囊电子内窥镜、海扶聚焦刀、2兆瓦风力发电装备、特高压变压器等一批拥有自主知识产权的产品。❶ 新兴产业发展的方向逐步明晰，基础逐步奠定。2009年，重庆市经济总量达到6 527亿元，其中新兴产业产值约1 600亿元，占工业总产值接近20%，成为推动经济社会发展的新引擎。可以预见，发展战略性新兴产业将成为重庆"调结构"的切入点，"大提速"的突破口。❷

2. 重庆市发展战略性新兴产业的背景和重点方向

2012年4月13日，在重庆举办的战略性新兴产业发展高峰论坛上，重庆市市长黄奇帆认为，国际金融危机的直接成因是欧美脱离实体经济的金融创新，但根本成

---

❶ 王晓磊："重庆：科技支撑战略性新兴产业发展"，载《中国高新技术产业导报》2010年4月19日。

❷ 周旭："科技支撑重庆战略性新兴产业发展"，载《决策管理》2010年第3期，第6~10页。

因则是第三次和第四次科技革命正处于交替周期，以IT技术为代表的第三次科技革命效应衰减，实体经济疲软；以新能源、新材料、空间技术、生命科学为代表的第四次科技革命呼之欲出。战略性新兴产业作为第四次产业革命的主攻方向，无疑将成为国际经济复苏的根本性动力。战略性新兴产业不仅会在全世界创造庞大的财富增量，而且将极大地提振实体经济，创造新的就业、创业机会。当前，国家和地区之间的竞争，很大程度上是就业的竞争，在这个意义上讲，谁先抢占战略性新兴产业的制高点，率先实现产业化，谁就占据主动。应该看到，大力发展战略性新兴产业，既可以为虚拟经济打牢实体经济基础，又可以为解决欧美主权债务危机积累雄厚的实物财富基础。战略性新兴产业是智力密集型和资本密集型高度融合的产业，投资回收周期长，市场风险较大。推动战略性新兴产业发展，一方面要依靠市场的基础性作用，另一方面要依靠政府有形之手的强力推动，给予政策支持和保障，要形成"产+学+研+资+政"的复合体系，不仅需要聚集产学研各方资源，而且要借助政府的引导和资本的力量来强力推动。黄奇帆市长认为，重庆市今后将集中精力发展战略性新兴产业。战略性新兴产业是解决眼下国际经济危机的根本出路。借助战略性新兴产业发展实体经济，比转嫁经济危机、拖延经济危机等方法更为"实惠"和有效。重庆市正在推动形成"1+3+3"的战略性新兴产业发展格局。所谓"1",即当前重庆市正在推动的云端计划,包括以笔记本电脑、打印机生产等为支撑的电子信息产业和"云计算"产业集群;第一个"3"是指在装备制造业、汽摩产业、重化工三大重庆优势产业中发展相关新兴产业;第二个"3"指的是发展新能源、新材料、新技术。推动"1+3+3"产业格局不得"闭门造车",因此重庆市将在战略性新兴产业领域寻求全球合作,借助国内外科研智慧培植当地的创新力量。同时,重庆市还会注重培育产业集群,与资本市场结合运营,政府也会通过优惠、补贴等形式给予政策扶持。

黄奇帆市长指出,今后重庆市将着力从五个方面推动发展战略性新兴产业。(1)通过开放,加快引进高新技术产业集群;(2)通过大力创新,培育壮大本土战略性新兴产业企业;(3)注意推动战略性新兴产业形成产业集群;(4)与资本市场结合,建立有利于新兴产业发展的投融资体系;(5)通过政策推动,配套完善支持环境,政府引导要特别注意根据市场需求顺势而为。❶

3.重庆市战略性新兴产业发展的重点问题

基于战略性新兴产业的特征,发展战略性新兴产业

---

❶ 黄奇帆:"发展战略性新兴产业,解决世界金融危机出路",载《重庆日报》2012年4月14日。

需要把握以下重点问题：（1）因时、因势、因地制宜遴选产业，彰显自身优势和特色。重庆市应按照国家对战略性新兴产业的总体规划和部署，在进行有效对接，发挥协同效应的同时，结合自身实际，彰显优势和特色。在产业领域方面，总体与国家提法一致，个别地方增加重庆市特色，如增加"新兴装备"。在产业链方面，将技术性质相同的归类合并，每个产业领域可有多条产业链。（2）产业培育应强化自主创新，进行科学而系统的谋划和落实。首先，需要系统部署面向未来的基础研究、应用研究和成果转化、产业化各阶段科技发展任务和重点，充分挖掘与新兴产业相关的科技成果，使其尽快产业化。其次，加快推进战略性新兴产业基地建设，特别是进一步促进国家高新区、大学科技园区以及各类产业园区"二次创业"，充分发挥其在引领新兴产业发展、支撑地方经济增长中的集聚、辐射和带动作用，促进战略性新兴产业集群发展。再次，瞄准战略性新兴产业的技术需求，大规模布点建设一批科技平台，包括一大批支持战略性新兴产业的工程技术研究中心、实验室、技术创新服务平台以及产学研技术创新战略联盟。（3）创新商业模式，培育新兴产业市场。战略性新兴产业不仅在技术上有别于传统产业，在商业模式上也与传统产业不同，创新不仅仅是技术创新，必须是技术创新与商业模式创新的有机结合。在发展战略性新兴产业过程中，应当支持和鼓励企业创造适合于国情，符合新兴技术发展规律的商业模式、盈利模式和组织模式。

（4）发挥政府的引导作用，加强政策扶持。战略性新兴产业往往都处于产业生命周期成长阶段，通常面临潜在市场空间巨大、现实市场拓展艰难的共性问题，其发展不能完全依赖于市场的自发行为，政府在培育战略性新兴产业中的作用不可替代。政府在市场准入、示范推广、基础设施、政府采购和补贴、市场秩序等方面，应加大扶持力度，引导市场消费。❶

4. 重庆市战略性新兴产业的发展规划

《重庆市人民政府关于加快发展战略性新兴产业的意见》提出了重庆市战略性新兴产业的发展原则和目标。"十二五"期间，重庆市发展战略性新兴产业发展要放眼全球、科学规划，发挥优势、重点突破，开放引进、无中生有，创新模式、跨越提升，龙头带动、集群发展，将新一代信息产业打造成为重要支柱产业，做大做强高端装备制造、新能源汽车、节能环保三大优势产业，培育新材料、生物、新能源三大先导产业，实施"2+10"产业链集群建设方案，建设笔记本电脑和离岸数据开发处理"2"个全球重要基地，培育通信设备、集成电路、轨道交通装备、新能源汽车、环保装备、风电

---

❶ 周旭："科技支撑重庆战略性新兴产业发展"，载《决策管理》2010年第3期，第6~10页。

装备、光源设备、新材料、仪器仪表、生物医药"10"个"千百亿级"产业集群。到2012年，战略性新兴产业产值超过4 000亿元，占工业总产值比重超过25%。到2015年，战略性新兴产业产值超过1.3万亿元，占全市工业总产值比重达到40%左右，增加值占GDP的比重提高到20%以上，成为重庆市工业的主体和国民经济的支柱。建成亚洲最大的笔记本电脑基地和国内最大的离岸数据开发处理中心，通信设备、集成电路、轨道交通装备等10个产业集群快速发展，建成国家重要的战略性新兴产业基地。

结合战略性新兴产业总体布局，积极打造产业特色明显、创新能力强、科技含量和附加值高、资源能源消耗少、污染排放低、辐射带动作用强的战略性新兴产业示范基地，吸引具有自主知识产权核心技术的企业落户两江新区，推动两江新区产业高端高质化、集约绿色化。主要措施是突破一批战略性新兴产业技术，促进战略性新兴产业发展。突破新一代信息终端及配套关键技术、云计算关键技术、通信关键技术、物联网关键技术、集成电路设计与制造关键技术、节能与新能源汽车关键技术、汽车电子关键技术、节能环保装备关键技术、城市轨道交通装备与高铁零部件关键技术、新材料关键技术、新能源装备及零部件关键技术、新型医疗器械关键技术、新药创制关键技术、智能仪器仪表关键技术、航空航天关键技术与装备等产业核心关键技术，掌握自主知识产权，引导产业链向高端延伸，增强战略性新兴产业的核心竞争力，推动战略性新兴产业成为重庆市支柱产业和优势、先导产业。将新一代信息产业打造成为重要支柱产业，做大做强高端装备制造、节能与新能源汽车、节能环保三大优势产业，培育新材料、生物、新能源三大先导产业。

5. 重庆市战略性新兴产业发展策略

2011年5月，重庆市根据《国务院关于加快培育和发展战略性新兴产业的决定》精神，出台了《重庆市人民政府关于加快发展战略性新兴产业的意见》以及《重庆市"十二五"科学技术和战略性新兴产业发展规划》，对重庆市战略性新兴产业的培育和发展措施做了原则性的规定。（1）产业选择要注重整体推进与因地制宜相结合，体现重庆市优势，彰显重庆市特色。重庆市在战略性新兴产业的发展规划方面提出，实施"2+10"产业链集群建设方案，建设2个全球重要基地，培育10个"千百亿级"产业集群。（2）采取以传统产业的升级改造为基础，努力促进高新技术转化为生产力，并通过引入新兴产业领域大型企业，将现有企业融入新兴产业链中的战略性新兴产业培育模式：①以推动老工业基地发展方式转变为主线，以科技创新为动力，以传统产业的改造和升级为基础，将高新技术应用于传统产业，实现传统产业的转型；②以高新技术产业化推动战略性新兴产业的发展需要两个条件，即丰富的科技资源和良好的技术转化平台；③利用各种政策优势，引入新兴产业。（3）强调主要依靠科技创新推动，促进"重庆制造"向"重庆创造"转变的战略性新兴产业发展路径。密切加强重庆市与中国工程院和中国科学院的技术合作，推动"两院"在重庆市设立分院，并引入国内创新型大企业、跨国公司的技术研发中心和各类国家级产业技术研发机构，为技术创新提供良好的平台。同时，重庆市还狠抓人才教育和科技创新，实施各种高端技术人才引进计划，为战略性新兴产业的发展提供人力资源保障。重庆市在推进技术进步、技术创新过程中，力求通过开放，使重庆市的企业、研究机构、大学和全国乃至世界的研究机构、科学家合作，让全世界的技术进步要素在重庆市循环。（4）采取形式多样和协同推进的扶持政策。不确定性是战略性新兴产业形成期最突出、最典型的本质特征。因此，政府必须在战略性新兴产业发展的初期给予大力扶持。重庆市对于战略性新兴产业的扶持政策形式多样，呈现"多管齐下"的特征。①传统扶持政策与新型扶持政策并重，特别强调财政金融政策支持；②重视供给方面扶持的同时，还注重需求方面的政策支持，培育战略性新兴产业市场；③在加大直接扶持力度的同

时，更加注重相关配套制度的建设。❶

（二）重庆市战略性新兴产业知识产权规划及问题

随着战略性新兴产业的迅速发展，重庆市战略性新兴产业知识产权已经取得较为显著的成绩。据权威机构统计，2011年重庆市十大战略性新兴产业共有972件专利获得授权，其中环保设备产业专利授权量为312件，排名全国第十。2011年重庆市专利申请授权情况较往年有了极大改善，全市专利申请量首次突破3万件大关，达到32 039件。每万人发明专利拥有量1.65件，排名由2010年年末的全国第12位上升到第9位，同比增长52%，增长率西部第一、全国第三。知识产权综合实力进步指数全国第一。❷

1. 重庆市战略性新兴产业知识产权管理规划

《重庆市"十二五"科学技术和战略性新兴产业发展规划》第14部分专门从以下几方面提出要通过实施知识产权大战略促进战略性新兴产业发展。（1）强化知识产权政策导向。加强知识产权法规研究，建立健全知识产权创造、运用、保护和管理的法规体系。完善知识产

---

❶ 黄庆华、刘建徽："重庆市战略性新兴产业发展策略及其启示"，载《西南大学学报（社会科学版）》2012年第2期，第167~172页。

❷ 陈茂霖："重庆公布2011年十大战略性新兴产业专利授权情况"，载中国中小企业重庆网讯.http://www.sme.gov.cn/web/assembly/action/browsePage.do?channelID=20182&contentID=1333926499363，2012-05-18。

权创造激励、职务发明权属划分、利益分配、侵权赔偿等制度。研究出台鼓励发明创新、提高发明专利拥有量的专项政策。完善重大经济、科技活动知识产权特别审查机制，把专利创造、运用绩效等知识产权指标作为政府资助项目评审、考核的重要依据和特殊人才专业技术职称资格认定条件。推动重庆市"每万人发明专利拥有量超过3.8件"目标的完成。（2）建设知识产权保护模范城市。强化市级知识产权工作领导协调机制，建立与直辖市相适应的知识产权管理体制。加强知识产权举报投诉服务中心、司法鉴定中心、知识产权仲裁院等行政执法体系建设。健全重大知识产权纠纷协调机制，促进知识产权行政保护与司法保护衔接，完善知识产权信息服务、举报投诉与维权援助服务体系建设。加强知识产权人才培养和宣传工作，办好"426"保护知识产权宣传周等重大活动，发布知识产权保护状况白皮书。（3）推动产业结构调整。在战略性新兴产业和传统优势产业中，开展产业专利分析，制定并实施产业知识产权战略，以核心专利技术占领研究开发和技术标准制高点。加强产业核心专利技术引进、消化、吸收和再创新，开展招商引资项目专利分析和审查。围绕重点园区、重点产业集群，构建知识产权联盟，推动专利产业化基地建设，打造两江新区国家知识产权示范区。开展国外专利布局策略研究，支持企业在产品销售目标国或海外生产基地所在国申请专利。加强上市和拟上市企业知识产权辅导，培育一批知识产权优势企业。

同时提出优势企业知识产权提升计划和重点产业集群专利引领计划。优势企业知识产权提升计划任务和目标为，开展企业知识产权试点示范，加强48家上市企业和300余家拟上市企业知识产权辅导、培育，推动企业建立知识产权核查机制和管理体系，确保知识产权信息披露合格率达100%；推动100家重点出口企业开展出口目标国专利布局和预警分析。到2015年，力争上市企业知识产权资产占总资产比例提高到20%以上，规模以上工业企业有效专利占全市有效专利比例达到60%以上，专利产品出口额占全市出口总额比例达到50%。重点产业集群专利引领计划任务和目标为，开展战略性新兴产业专利分析，绘制"专利地图"，建立重点产业集群专利数据库；组建医疗器械、笔记本电脑、特种船舶等专利联盟；打造4~5个国家级专利产业化基地；培育5个国家级、30个市级知识产权试点示范园区；开展国家级中小企业战略推进工程集聚区的知识产权托管服务。到2015年，力争战略性新兴产业的专利产品产值比重达到60%以上，传统产业的专利产品产值比重达到20%以上。

2. 重庆市战略性新兴产业知识产权工作的主要任务

根据《关于加强重庆市战略性新兴产业知识产权工作的实施意见》，重庆市战略性新兴产业知识产权工作的主要任务包括以下四个方面。（1）加快战略性新兴产业知识产权合理布局。①支持战略性新兴产业获取知识产权。支持战略性新兴产业相关企业获得发明专利，尤其是在海外获得发明专利。鼓励相关企业牵头或参与制（修）定国际标准、国家标准和行业标准，建立和完善战略性新兴产业标准体系。②支持战略性新兴产业相关企业购买知识产权。加强战略性新兴产业相关企业知识产权从外资企业引进核心技术的知识产权。（2）开展战略性新兴产业专利预警分析。①加强战略性新兴产业重大经济活动知识产权审查。对战略性新兴产业重点项目的立项、备案、核准、审批等环节应当进行知识产权审查。②开展新兴产业专利分析。开展战略性新兴产业的专利地图和专利预警分析，指导战略性新兴产业相关企业突破技术瓶颈、掌握核心专利、优化专利布局。③实施战略性新兴产业知识产权"海外护航行动"。指导企业在国外开展知识产权保护，鼓励企业申请国外专利，用好"专利审查高速路"（PPH）通道。（3）抓好战略性新兴产业集群知识产权工作。①抓好战略性新兴产业基地知识产权工作。深入开展园区知识产权试点示范工作，推动建立一批专利产业化基地、版权产业化基地、商标品牌基地。支持两江新区创建国家战略性新兴产业知识产权示范区。②加强战略性新兴产业领域企业知识产权工作。推动企业建立完善知识产权管理制度，贯彻知识产权管理标准。出台知识产权投融资相关政策，促进知识产权以出资、转让、许可、质押等方式加快转化。（4）加强战略性新兴产业知识产权服务体系建设。①建设区域专利、版权信息服务中心。整合国内外专利、版权数据资源和服务资源，采用云计算技术和开放体系架构，建设区域性专利、版权信息服务中心，构建市与区县、园区、企业、科研机构、服务机构等组成的知识产权信息服务网络。②建立战略性新兴产业知识产权维权援助体系。加强市知识产权维权援助中心建设，支持有条件的行业协会或园区设立战略性新兴产业维权援助分中心，建立健全知识产权预警应急、快速维权和争端解决机制。

3. 重庆市战略性新兴产业知识产权管理存在的主要问题

重庆市战略性新兴产业知识产权管理方面存在的主要问题，除了在本专题前文讲到的我国战略性新兴产业知识产权管理存在的一般性问题外，还存在如下问题。

首先，知识产权取得方面的管理有待加强。近年来，虽然重庆市专利申请授权整体情况较往年有了极大改善，但与其他发达省市相比，重庆市十大战略性新兴产业依然存在授权专利量偏少，创新能力不足等问题。以重庆市十大战略性新兴产业中2011年表现最抢眼的环保设备产业为例，重庆市获得的专利授权量仅为第一名江苏的1/5强，占全国总量的2.77%。不过由于重庆市环保设备产业的授权专利技术涉及面广，再加上重庆市拥有中电投远达环保公司、重钢集团和重庆钢铁设计院这样的优质企业和科研单位，整体的产业优势还是比较明显。❶

其次，战略性新兴产业企业对知识产权运用和管理的重视程度需要加强。知识产权政策的核心是鼓励和推动战略性新兴产业核心技术的自主创新。因为一些战略性新兴产业在重庆市尚处于初级阶段，而在其他发达国家或地区可能已经成熟，技术转让和许可是发展战略性新兴产业不可避免的策略。值得注意的是，发达国家的企业大都建立起完善的知识产权内部管理机制，这些被转让和许可的技术在转让、许可前一般都会先在我国申请专利。专利的本质就是赋予创新主体一定期限的垄断权，从而对其创新给予回报和激励。在重庆市企业未能掌握某一领域的核心技术时，如果片面强调知识产权保护，很可能导致这些产业中的核心技术被外国企业的专利垄断而使重庆市产业发展受制于人。因此，在培育战略性新兴产业时，知识产权政策的重点应该放在鼓励和保护自主创新上，努力创造自主知识产权。政府尤其应当为重庆市企业，尤其是科技型的中小型企业在技术、

---

❶　陈茂霖："重庆公布2011年十大战略性新兴产业专利授权情况"，载中国中小企业重庆网讯.http://www.sme.gov.cn/web/assembly/action/browsePage.do?channelID=20182&contentID=1333926499363，2012-05-18。

融资、法律和知识产权管理问题上提供帮助、创造条件，鼓励企业自主创新。

（三）重庆市战略性新兴产业知识产权管理的对策

根据上述分析，笔者认为，重庆市至少应该从以下方面深入研究知识产权管理在战略性新兴产业中发挥作用的机理以及相关制约因素，从而最大限度地发挥知识产权制度在促进战略性新兴产业发展中的作用。

1. 建立战略性新兴产业知识产权专门工作机制

建立战略性新兴产业知识产权专门工作机制，是强化重庆市战略性新兴产业知识产权工作，促进重庆市战略性新兴产业健康发展的重要保障之一。根据《贯彻落实国务院关于加快培育和发展战略性新兴产业决定重点工作分工方案》，设立由知识产权工作承担单位共同组成的战略性新兴产业知识产权工作委员会，对战略性新兴产业知识产权工作的总体部署和重大关键事项进行决策协调。把战略性新兴产业知识产权推进工作纳入知识产权战略推进的重要议题，在知识产权战略推进计划和保护计划中列入战略性新兴产业知识产权工作专题，加强对相关工作落实情况的督促检查。全面贯彻《战略性新兴产业知识产权工作指导意见》，通过针对性强、操作性好的金融财税政策、市场环境政策、知识产权交易转化政策、人才培养政策、服务业发展政策等支持知识产权的创造和运用，营造良好的知识产权培育环境，实施对重大经济科技活动知识产权评议制度和核心专利培育计划，做好重大关键技术的知识产权前瞻布局。❶ 建立并完善重庆市战略性新兴产业知识产权专门工作机制是完成重庆市战略性新兴产业快速发展的体制基础。

2. 适度调整不同技术领域战略性新兴产业的知识产权政策

战略性新兴产业包含范围较广，包括环保、信息、生物、高端装备制造、新能源、新材料和新能源汽车等技术领域。不同领域中技术创新的特点不同，因此对于知识产权政策有着不同的需求。例如，在信息技术领域，以累积创新为主，存在大量专利丛林现象。在这一领域中的知识产权政策重点应当考虑如何针对专利丛林现象来设计。对于生物技术来说，研究工具，如生物探针技术和基因片断专利（覆盖范围过广）等问题，需要对专利权利要求范围进行准确限定。而目前所施行的一体适用的知识产权政策已不再适用。2007年，欧洲专利局发布的《未来知识产权制度愿景》指出，包括强制许可制度在内的一些灵活机制可能在战略性新兴产业中与

---

❶ 孟海燕："实施知识产权战略是培育和发展战略性新兴产业的关键"，载《中国发明与专利》2011年第9期，第17~18页。

环境相关领域发挥作用。❶ 实际上，在美国，联邦巡回上诉法院（CAFC）有时也根据不同行业技术创新的不同特点，对知识产权法进行斟酌适用。❷ 因此，建议根据重庆市战略性新兴产业中不同技术领域的特点，制定分领域、有区别的知识产权政策，进一步促进重庆市战略性新兴产业的健康发展。

3. 科学布局战略性新兴产业不同领域的知识产权

在重庆市发展战略性新兴产业过程中，首要任务是发掘具有引领带动作用并且能够实现突破的若干重点技术方向。充分利用重庆市现有技术资源，分析战略性新兴产业专利布局，发现技术突破口非常重要。为此，应该对战略性新兴产业专利信息，尤其是专利申请量、授权量，国内外专利申请人分布情况，重点跨国企业专利布局情况，专利的被引用情况，技术标准中的专利纳入情况等进行深入分析，力求发掘最有可能率先突破和做大做强的技术领域，指导企业结合自身技术基础、产业优势以及战略性新兴产业技术发展特点和国内外专利布局情况，加大重庆市研发投入和专利布局，有的放矢开展技术创新和专利申请工作。

---

❶ EPO, Scenarios for the future, available in: http://www.epo.org/news-issues/issues/scenarios/download.html, last retrieved on July 4, 2011.

❷ 毛金生、程文婷："战略性新兴产业知识产权政策初探"，载《知识产权》2011年第9期，第63~69页。

4. 积极制定战略性新兴产业企业知识产权管理标准

目前，重庆市战略性新兴产业中一些企业知识产权意识不强，很多技术没有及时申请专利，有些技术在使用和公开之后才申请专利，使其专利申请很容易因为丧失新颖性而被驳回。有的企业申请专利时为了获得授权而将权利要求范围限定得很窄，使得技术很难获得充分保护。这些企业亟需进一步提高知识产权管理和运用能力。因此，在战略性新兴产业领域出台企业知识产权管理标准，规范企业知识产权管理行为，提高企业知识产权运用能力非常迫切。在战略性新兴产业知识产权战略和服务方面，要建立行业知识产权战略推进体系，推动知识产权服务业发展，培育一批能开展知识产权信息分析、策略咨询、战略评估、诉讼应对等业务的高端服务机构，使其成为企业提升知识产权竞争力的重要依托。因此，建议相关机构定期发布战略性新兴产业企业知识产权发展指南，加强重庆市知识产权管理能力培训，引导企业做好知识产权的超前部署和运营管理。

5. 优化战略性新兴产业知识产权的管理模式

通过知识产权管理模式的优化形成重庆市战略性新兴产业竞争优势，主要从以下三方面入手。（1）强化战略性新兴产业集聚区知识产权产业集群管理。探索建立以战略性新兴产业优势企业为龙头、技术关联企业为主体、知识产权布局与产业链相匹配的知识产权集群管理模式。（2）提升战略性新兴产业相关企业知识产权管理能力。规范企业知识产权管理标准，建立企业知识产权管理体系和知识产权战略实施机制。（3）加强战略性新兴产业知识产权服务体系建设。分类制定服务标准和服务规范，加强知识产权服务机构的服务资质管理和分级分类管理。

6. 完善战略性新兴产业知识产权风险预警与评估制度

就知识产权的保护和管理而言，有必要从两个层面构建战略性新兴产业核心技术相关项目的知识产权风险预警与评估制度。（1）由市政府主导对于重庆市重点发展的战略性新兴产业核心技术主要领域的知识产权现状加以分析，并对其中存在的知识产权风险启动预警与评估机制，以便于重庆市在宏观产业发展政策的制定中充分考虑知识产权因素。（2）由重庆市知识产权局等相关部门在各自职责范围内为重庆市创新主体提供产业发展指导，对于重庆市创新主体的创新方面所存在的知识产权风险提前给出预警分析和评估，以期对重庆市相关行业的发展具有积极的指导作用。

7. 完善战略性新兴产业重大项目知识产权评议机制

为了更好地借鉴其他国家或地区的发展经验，促进重庆市战略性新兴产业快速发展，应该进一步深化国际、区域、省市合作，多层次、多渠道、多方式推进国际、区域和省市科技合作与交流。同时，针对国家及各省、市战略性新兴产业领域的重大项目，特别是财政投入巨大的产业领域内重大项目，包括研发、产业化、对外合作、外资并购等活动项目，选择意义重大、风险较大的部分项目，协调财政、发改、经济、科技等主管部门构建和完善重大项目知识产权评议机制，培育一批高质量的知识产权评议机构，为重庆市战略性新兴产业知识产权工作提供评议服务，防范重复投入，发现并规避知识产权风险，保障项目顺利实施，维护产业发展安全，有效发挥知识产权对产业发展和重大经济活动的引领和保障作用。

8.科学制定战略性新兴产业相关领域专利技术路线图

专利技术路线图对于提高重庆市战略性新兴产业知识产权管理和运用能力，促进自主创新具有十分重要的作用。首先，通过专利技术路线图寻找发展战略性新兴产业技术的突破口。近年来，跨国公司不断加大知识产权战略布局，利用"专利先行"实现"跑马圈地"，通过早期的专利布局赢得市场竞争的先机。因此，重庆市相关机构应该组织力量大力开展战略性新兴产业专利信息分析，对战略性新兴产业的专利申请量、授权量，国内外专利申请人分布情况，重点跨国企业专利布局情况，专利的被引用情况，技术标准中的专利纳入情况等进行深入分析，争取发掘出可能率先突破的技术领域，指导重庆市企业结合自身技术基础、产业优势以及产业技术发展特点和国内外专利布局状况，加大研发投入和专利布局，避开侵权风险较高的技术领域，合理开展技术创新和专利申请工作。其次，通过专利技术路线图确定重庆市创新主体在发展战略性新兴产业中的产业发展基本框架、路线图以及推进方式等。只有以此为依据，才能有针对性地支持重点领域的发展，确定引导企业技术开发的方向，形成自己的技术优势。要抓住当前发展知识产权服务业的契机，在跟踪、检测和预见国际动态的基础上制定战略性新兴产业的专利布局图和技术战略图，从而引导社会各界把创新资源投入到这些关键技术中去。

总之，通过专利技术路线图，不仅有助于重庆市及相关企业从战略高度对战略性新兴产业技术的研发和布局进行前瞻性部署，而且有助于降低战略性新兴产业技术的不确定性和复杂性，提升重庆市战略性新兴产业的创新水平和发展速度。

9.构建战略性新兴产业创新成果的知识产权共享制度

重庆市战略性新兴产业的"战略性"涉及许多提升本市核心竞争力等共同战略需求的技术，具有范围经济、规模经济、外部性等特征，可以产生巨大的溢出效益。战略性新兴产业创新成果取得的大量知识产权为重庆市创新成果共享提供了可能。所以，制定符合重庆市实际情况，符合战略性新兴产业特征的知识产权技术共享制度，对战略性新兴产业发展非常重要。该制度的核心是，由国家或者重庆市政府提供研发资金，涉及重大利益的研发成果的知识产权属于政府，允许产业竞争主体共享使用外，其他技术由市场主体自行投资研发，知识产权属于开发主体。产权明晰的知识产权共享制度将有助于推动战略性新兴产业的发展。

10.需要鼓励战略性新兴产业相关企业建立专利联盟

构筑专利联盟是提升重庆市企业知识产权综合实力和反跨国公司技术压制能力的重要手段。为了避免重庆市中小企业分散、单兵作战能力的不足，同时防止重复建设，有必要由市政府出面，出台专利联盟相关政策，构建符合重庆市特征的战略性新兴产业专利联盟，以整合创新资源，形成合力，保证整个产业的顺利发展。其重点是实施战略性新兴产业专利联盟试点示范工程。 为此，建议在"十二五"期间，重庆市有计划地针对有条件的战略性新兴产业集群，每年扶植若干个知识产权联盟，通过支持联盟企业构筑专利池、制定实施行业知识产权战略、建立行业专利预警平台及涉外应对机制、推动专利技术产业化、商品化、标准化，提升产业创新发展水平，形成一批有影响力的战略性新兴产业创新企业群。

11.完善战略性新兴产业运用产学研用合作创新机制

强化产学研用有效合作是促进战略性新兴产业发展的重要条件之一。针对产学研用合作创新，建议重庆市就战略性新兴产业发展采取如下措施：（1）完善和强化产学研用合作机制，出台相关法规。通过立法突破目前面临的体制机制、合作模式以及人才培养方面的障碍，建立共同投入、成果分享，技术、市场、管理等风险分担机制，推动产学研用合作的可持续发展。（2）建立以市场为导向的产学研用支撑体系。建立和完善产学研用结合统筹协调机制；制定并完善产学研用专项扶持政策；设立产学研用合作专项引导资金；扶持和培育中介服务机构。（3）探索多元化的产学研用合作创新模式。❶构建战略性新兴产业高端产学研用合作创新平台，突破制度性障碍，引导创新要素向战略性新兴产业集聚，是促进重庆市战略性新兴产业发展的重要途径之一。

12. 创新战略性新兴产业知识产权融资方式和转移转化方式

知识产权融资方式的拓展和转移转化方式的创新等对重庆市战略性新兴产业知识产权价值的实现十分关键。建议做好以下两方面工作：（1）通过拓展知识产权

---

❶ 马德秀：“产学研用合作创新推动战略性新兴产业发展”，载《中国科技产业》2011年第1期，第16~17页。

投融资方式，实现知识产权潜在价值。完善知识产权质押、出资入股、融资担保制度。探索建立知识产权融资机构，支持中小企业快速成长。（2）通过创新知识产权转移转化形式，促进知识产权价值实现。促进战略性新兴产业集聚区知识产权运营综合服务体系建设，培育一批在区域经济发展中发挥重要作用的知识产权运营机构。探索建立知识产权拍卖及相关制度。完善知识产权入股、股权和分红权等形式的激励机制和资产管理制度。完善知识产权交易政策，加快建立知识产权评估交易机制，支持设立以知识产权转移为重点的技术转移机构，推进知识产权交易市场体系建设，促进知识产权交易。加强专利技术组合与商标保护的衔接配套，鼓励运用商标保护专利技术组合产品。

专题三
知识产权保护水平评价指标
体系研究[*]

 我国学者韩玉雄和李怀祖根据国际上比较通用的评价知识产权保护评价指标的Ginarte-Park指标法，运用1984~2002年相关数据对我国知识产权保护水平进行评价发现，早在1993年，中国的知识产权保护水平已经超过部分发达国家。[❶] 但是在中美几次主要的知识产权谈判中，中国却因为知识产权保护水平问题始终处于被动地位。时至今日，在我国知识产权保护水平大幅提升的情况下，美国人仍然对我国知识产权保护水平颇有微词，这究竟是为什么呢？或许是由于知识产权保护是一个与立法、司法和执法等因素相关的复杂问题，直接度量知识产权保护强度存在一定的难度，一直以来缺乏定量的方法进行测定，大多进行的是定性描述和理论模型的分

* 本专题内容为重庆市知识产权专项资金项目"知识产权保护水平评价指标体系研究——以重庆市创建知识产权保护模范城市评价为实证"部分研究成果。

 ❶ 韩玉雄、李怀祖："关于中国知识产权保护水平的定量分析"，载《科学学研究》2005年第3期，第377~382页。

析研究❶❷❸❹。因此，本书认为，构建一套较为科学、全面的知识产权保护水平评价指标体系，不仅可以有力回击美国等发达国家对我国知识产权保护水平不力的指责，同时也可为评价知识产权保护水平对我国经济增长、技术创新、社会福利及外商直接投资等的促进作用提供参考，还可以为构建重庆市创建知识产权保护模范城市评价指标体系提供依据。前两个方面因为不属于本项目的研究范围，所以将另行重点研究。本专题的重点是：在研究知识产权保护评价指标体系的基础上，构建重庆市知识产权保护模范城市评价指标体系。

---

❶ Barro R. J. X. SalaI Martin. Technological diffusion, convergence, and growth *Journal of Economic Growth*, 1997, (2): 1~27.

❷ Helpman E. Innovation, imitation and intellectual property rights *Econometrica*, 1993, 61: 1 247~1 280.

❸ Lai E. International intellectual property rights protection and rate of product innovation *Journal of Development Economics*, 1998, 55: 133~153.

❹ Glass, A, Saggi, K. Intellectual property rights and foreign direct investment *Journal of International Economics*, 2002, 56: 387~410.

一、知识产权保护水平概述

要对一个国家或地区，乃至一个城市的知识产权保护水平进行较为科学、客观的评价，应该在研究该国家、地区或城市的经济社会发展的前提下，认真分析知识产权保护水平的相关理论等问题基础上，构建评价该国家、地区或城市的知识产权保护水平的指标体系，并以此为依据进行评价。本部分主要研究下列三个问题：（1）知识产权保护的经济理论，包括专利保护最优期限、专利竞赛经济成本、专利保护与知识扩散和知识产权保护与国际福利等；（2）确立知识产权保护水平标准的基本原则，包括确立知识产权保护水平的实质和知识产权保护水平标准的确立原则等；（3）知识产权保护水平的影响因素，包括经济发展水平、科技水平、市场结构、创新活动特征和国际直接投资等对知识产权保护水平的影响。

（一）知识产权保护的经济理论

关于知识产权保护与经济发展的相关理论研究中，各国学者推出了大量的研究成果。曼斯菲尔德(Mansfield)认为，发展中国家提高知识产权保护强度将吸引外国投资和技术转移；❶ 但奥布兰(O'Brien)认为，专利成为国内生产的障碍，发展中国家至少4/5的专利掌握在外国人手中，专利文献信息价值对发展中国家的经济发展作用有限；❷ 希尔德(Heald)认为，就发展中国家的知识产权强度而言，发达国家可能更加关心的是发展中国家缺乏完善的商业秘密法或合同法，而不是完善的专利法，所以他建议发展中国家认真考虑对TRIPs专利条款的最小依从，并最大限度地遵从其商业秘密条款的规定。❸ 凯文(Kwan)、埃德温(Edwin)等指出，过度的知识产权保护造成的社会福利损失是有限的，而弱的知识产权保护造成的损失较大。❹ 在知识产权保护与技术创新方面，也是仁者见仁智者见智。赞同知识产权保护有利于技术创新观点的人认为，知识产权保护不仅是维护发明者权益、促进研究开发和技术扩散的有效工具，❺ 而且是经济增长的重要决定因素；反对者则认为，知识产权垄断阻碍

---

❶ Mansfield, E. Intellectual property protection, foreign direct investment and technology transfer. *Working Paper* 19 (*World Bank*), 1994.

❷ Peter O'Brien. Developing countries and the patent system: An economic appraisal. *World Development*, 1974, (2): 27~36.

❸ Paul J. Heald. A skeptical look at Mansfield's famous 1994 survey. *Information Economics and Policy*, 2004, (16):57~65.

❹ Yum K. Kwan, Edwin L. C. Lai. Intellectual property rights protection and endogenous economic growth. *Journal of Economic Dynamics & Control*, 2003, (27):853~873.

❺ Schumpeter J. *Capitalism, Socialism and Democracy.* 3rd ed. New York: Harper and Row, 1950.

了科学研究的自由，是影响出口的障碍，❶ 知识产权保护阻碍了技术的合理扩散和应用，造成社会福利损失。❷ 在知识产权保护强度研究上，加里(Gary Dushnitsky)认为，宽的专利保护宽度有利于信息披露，当专利保护宽度比较窄时，增加它会提高社会福利和技术进步率，当专利保护宽度已经很宽时，再继续增加它反而会降低社会福利和技术进步率。❸ 不管学者观点的差异多大，但是有一点是共同的，那就是知识产权保护与经济发展密切相关。因此，本专题主要介绍以下较为典型的知识产权保护的经济理论。

1. 专利保护最优期限理论

阿罗(Arrow)关于信息不完全专有性的分析是现代知识产权经济理论的萌芽。他认为，从社会福利的角度来看，信息应该是可以无偿为公众所获得的。这种观点虽然推崇信息的最优利用，却无法激励研发活动。但是在市场经济中，企业的发明创造行为是通过运用这些发明来创造产权获得支持的。这种制度在一定程度上是成功

---

❶ Pamela J. Smith. Are weak patent rights a barrier to U.S. exports?. *Journal of International Economics*, 1999(48):151~177.

❷ Caves Crookel, Kilings. The Imperfect Market for Technology Licensing. *Oxford Bulletin of Economy and Statistics*, 1993, (45):249~276.

❸ Cary Dushnitsky J. Lenox. When do incumbents learn from entrepreneurial ventures? Corporate venture capital and investing firm innovation rates. *Research policy*, 2005,34(5):615~639.

的，但存在投资利用不足的问题。通过专利及其他法律
手段，企业可以得到产权，而如果企业已经得到这些信
息并用来提高其利润，产权也可能体现为公司的无形资
产。❶ 可见，明确知识的创造和扩散及其与社会福利的
关系，可以为知识产权作为资源配置方式的制度设计奠
定基础。经济学家认识到知识在当前配置和未来生产之
间的关系，所以知识产权的最优期限成为研究的主要课
题之一。诺德豪斯(Nordhous)和谢勒(Scherer)构建了一个
关于知识产权制度最优期限的模型。1969年，诺德豪斯
提出的最优专利期限问题的模型只考虑竞争性产品和要
素市场下的"小"（或"简单的"）创新，假设存在完
全私有性的产权制度并且企业不是将取得专利作为创新
的唯一目的，即不考虑企业间围绕专利展开的竞争。决
定专利的最优期限是解目标函数为创新带来的社会福利
的净增加（专利垄断期内增加的生产者剩余加上创新以
后增加的消费者剩余）的最大化问题，其约束函数为创
新者的回报要足够大到能够激励创新。1972年，谢勒对
诺德豪斯的模型作出了进一步的说明。最终提出的最优
专利期限模型的主要结论可以归纳为五个方面：（1）从
社会福利最优角度来看，专利保护期限应该是一个有限

---

❶ Arrow, K. J. "*Economic Welfare and the Allocation of Resource for Inventions*". In R.R.Nelson. *The Rate and Direction of Invention Activity*. Princeton: Princeton University Press, 1962:609~626.

长度，其长度是"发明前和发明后竞争性均衡区域内的需求的价格弹性"的反函数。（2）对于简单创新，需求弹性越大，消费者剩余就越大，延长专利保护期限带来的延迟获取利益的社会成本也随之增加，所以越简单容易的创新，即带来成本下降越快的创新，专利保护期限应该越短。（3）专利最优保护期限对该模型参数的变化很敏感，因为不同产业、不同技术领域和不同市场需求要求不同类型技术具有不同的专利保护期限，所以固定专利保护期限不是最优。（4）专利保护期限和保护范围互补，如果专利保护范围变窄，就必须延长专利保护期限来补偿。（5）对于简单创新，垄断带来的损失比创新带来的收益要小。因此，只要专利保护具有一定创造性的发明，较长的专利保护期限比较短的专利保护期限效果要好。❶ 可见，知识产权的保护期限是知识产权保护水平的主要指标之一。

2.专利竞赛经济成本理论

诺德豪斯的最优专利期限模型没有考虑企业间围绕专利展开的竞争即"专利竞赛"造成的对R&D活动的过度投资的社会成本。巴泽尔(Barzel)认为，在专利产生前，R&D竞争可能导致私人企业比社会最优水平

---

❶ Scherer, F. M. Nordhaus's Theory of Optimal Patent Life: A Geometric Reinterpretation. *American Economic Review*, 1972, 62(6):422/427.

更早引入新的技术。创新赢利能力随时间变化而变化，企业不断推出新技术来确保对创新独占的控制权，从而导致过早淘汰旧技术，并带来社会损失❶。达斯古普塔(Dasgupta)和斯蒂格利茨(Stiglitz)运用产业组织理论分析了企业因产品市场与企业研发活动的不同而形成的各种竞争组合。该模型假设厂商处于古诺模型中，在需求高度缺乏弹性和可以自由进入产业的情况下，市场经济中可能会存在过剩的重复性研发，或者说产业范围的R&D支出超过了社会最优水平。为此，随着产业组织理论的发展，"抢先申请专利"行为研究成果不断增加❷。吉尔伯特(Gilbert)和纽伯里(Newbery)研究了垄断者会操纵专利来阻止潜在竞争者进入市场的条件。达斯古普塔探究了相同的问题，同时指出工业技术的竞争是连续的博弈，而非一次博弈。❸ 由此可见，专利竞赛等企业创新行为会直接影响知识产权的保护水平。

3. 专利保护与知识扩散理论

达斯古普塔认为模仿活动引起的知识扩散属于信息外溢，并将竞赛和等待的博弈运用于创新主体的R&D策

---

❶ Barzel, Y. Optimal Timing of Innovations. *Review of Economics and Statistics,* 1968, (8): 348~355.

❷ Dasgupta, P, J. Stiglitz. Industrial Structure and the Nature of Innovative Activity. *Economic Journal,* 1980, 90, 358: 226~293.

❸ Gilbert, R. J. and D. Newbery. Pre-emptive Patenting and the Persistence of Monopoly. *American Economic Review,* 1982, 72(3): 514~526.

略中。他认为，知识外溢损害了厂商参与R&D活动的动力，一定程度上抑制了厂商的R&D活动；即使信息外溢程度可以使一个模仿者肯定受益时，厂商也可能会进行R&D活动。部分学者认为知识产权制度将通过技术转移方式来促进R&D成果在取得专利后的扩散。谢勒认为，如果制定"合理的"技术使用费，强制性转移就不会明显地制约厂商的R&D活动。另外，加林(Gallini)和温特(Winter)❶、卡茨(Katz)和夏皮罗(Shapiro)❷等运用寡头博弈分析了各方参与专利技术转移的动机，指出专利技术转移在一定程度上加快了知识扩散。但是夏皮罗认为，专利权人在寡头中拍卖专利权，虽然有利于推广新技术的使用，但是也可能使得产业中反竞争行为更明显。❸可见，知识扩散和技术转移也是知识产权保护所要考虑的重要因素。

4. 知识产权保护与国际福利理论

随着科学技术的快速发展和经济全球化进程加速，知识产权问题已经成为一个多边和双边谈判的主题，探讨知识产权保护与国际福利具有重要意义。考虑到发达

---

❶ Gallini, N. and R.Winter. Licensing in the Theory of Innovation. *Rand Journal of Economics*, 1985, 16(2): 237~252.

❷ Katzm, M. and Shapiro. On the Licensing of Innovations. *Rand Journal of Economics*, 1987,16(4):504~520.

❸ 庄子银、杜娟："发展中国家知识产权保护的理论与经验分析"，载《武汉大学学报（社会科学版）》2003年第3期，第451~460页。

国家和发展中国家在知识产权政策上的不同立场，朱迪思(Judith)和格罗斯曼(Grossman)建立了一个只存在南方和北方寡头厂商的市场的模型构架。该模型假定只有北方厂商有能力投资R&D活动，而南方厂商在没有知识产权保护时可以无成本地进行模仿，结论认为：（1）南方不实施知识产权保护时，其社会福利会较因屈服于北方的压力而实施知识产权保护时要高，北方的社会福利因南方实施知识产权保护而增加，因此北方和南方出现利益分歧；（2）全球加强知识产权保护是否增加全社会的福利，取决于它能否激励R&D的生产率。苏拜拉马廉(Subramanian)通过对南方国家的专利保护政策分析后认为：发展中国家在知识产权保护上应该考虑歧视对待非本国居民的问题。在一些条件（产业）下，即使非本国居民是第一个申请专利的，专利权也不应该无保留地批准给他。苏拜拉马廉的模型假定边际成本不变，经济体处于完全垄断的专利保护下，外国的供应商有技术优势。南方国家有四种不同保护水平（高或低）和不同保护方式（歧视和不歧视）的政策组合。苏拜拉马廉构建的模型得出如下两点结论：（1）对于小国，由于高知识产权保护水平带来的收益可以忽略不计，因此对于这种类型的经济体，无歧视的低保护水平比较有利，但如果对于技术进口国，知识产权保护带来的收益不可忽略时，歧视的高保护水平则更为有利；（2）对于一些国内有一定创新能力的经济体，歧视的福利意义会很显著，所以采取歧视的知识产权保护制度更为有利。但是苏拜拉马廉并没有考虑歧视带来的一些消极意义，如资源在其他部门的非合理配置造成的成本、要素价格、外国报复的可能性、专利的寻租效应等因素。❶ 从上述分析可以看出，知识产权保护已经不是个别国家的问题，而是全球性的问题，因此，知识产权保护需要考虑国际因素。

（二）确立知识产权保护水平标准的基本原则

1. 确立知识产权保护水平的实质

一般认为，知识产权保护水平是指知识产权立法和执法的水平或状况。它是指用知识产权保护知识财产的水平，还是指法律保护知识产权的水平，不同学者对此持有不同观点。从立法角度看，知识产权保护水平的实质是法律如何选择知识财产的保护标准问题，即知识财产的保护标准。知识产权是法定权利，是用来保护知识财产或知识产品的权利，选择何种标准确立一个国家的知识产权制度取决于运用法律手段保护知识财产或知识产品水平的高低。因此，从知识产权法视角研究知识产权保护水平标准问题，应该是保护知识财产或知识产品的保护标准问题。有学者认为，知识产权保护水平的实

---

❶ Chin, Judith C. and Gene M. Grossman, Intellectual Property Rights and North-South Trade. Nber Working Paper 1988, 13(2):87~92.

质是知识财产的保护标准的选择问题，必须理性面对这个既涉及知识产权人利益，又关涉相对人和社会公共利益的基础问题。❶ 认识知识产权保护水平的实质问题是确立知识产权保护水平标准基本原则的前提。

2. 知识产权保护水平标准的确立原则

判断知识产权保护水平的标准可归纳为立法标准和实质标准两类。立法标准是指国际条约和国内法律确定的知识产权保护标准。在国际条约方面，目前知识产权保护水平的主要判断标准为TRIPs协议确定的标准。TRIPs协议对所有加入WTO的成员都是生效的，因此TRIPs协议确定的知识产权保护标准被称为国际标准。国内法律标准是指各国国内法所确立的知识产权保护水平标准。我国为WTO成员，应该遵守TRIPs协议所确立的知识产权保护标准，达到TRIPs协议所要求的知识产权保护最低水平。实质标准是指判断知识产权保护水平高低的实质性标准，学理上分为合理性标准和正当性标准两大类。合理性标准是指以是否符合一国经济发展水平判断知识产权水平高低的标准。合理性是一个相对主观性的标准，不同国家有不同的合理性标准。本专题赞成我国学者齐爱民的观点，即知识产权法的保护水平，首要

---

❶ 齐爱民："论知识产权保护水平"，载《苏州大学学报（哲学社会科学版）》2010年第2期，第37~40页。

的是正当性的确定。所谓正当性标准，是指以同等保护原则作为保护标准。判断是否符合正当性标准，不应仅从知识产权法本身出发，而应从一个更大的范围，从财产法乃至整个私法出发，公平对待一切财产，包括知识财产、物和信息财产。符合正当性标准的，再高水平的保护也应该提供；不符合正当性标准的，再低水平的保护也不能给予。❶

（1）最低保护标准原则。TRIPs协议规定了各成员方保护知识产权的最低标准。TRIPs协议序言规定，各成员方必须采取制定法律法规措施有效保护知识产权，但同时规定应考虑到各国家的法律制度的差异。也就是说，TRIPs协议对各成员方要求的保护为"有效保护"，是和各国法律制度相符合的保护，并非同一种保护模式，同一个保护水平。TRIPs协议对知识产权保护最低水平的要求主要体现在该协议的第二部分。有学者认为，TRIPs协议关于知识产权保护最低水平的具体规定应当从以下四点把握：获得权利的条件；不授予权利的情形；权利的范围或内容和期限；对申请人或权利人的要求等。❷

---

❶ 齐爱民："论知识产权保护水平"，载《苏州大学学报（哲学社会科学版）》2010年第2期，第37~40页。

❷ 蒋志培："TRIPs协议对知识产权的基本保护标准"，载《中国发明与专利》2008年第3期，第65~69页。

TRIPs协议关于"最低标准"的立法标准是值得肯定的。一方面，这样做可以避免对不同国家的不同法律体制形成冲击，并且使TRIPs协议能够立足于两大法系之间以及世界各国之间的法律制度和法律传统的差异之上，可以获得最大范围内的适用，从而在最大范围内提升知识产权保护水平。另一方面，TRIPs协议要求各成员对知识产权提供的保护为有效保护，并不是划定一个同一的保护水平，而是把保护水平问题留给了各个成员自己决定。所谓"有效保护"，就是最低标准的保护。❶

（2）与经济发展相适应原则。面对TRIPs协议标准不断地被美国曲解和利用，美国往往打着TRIPs协议的旗号，以高标准要求发展中国家，给发展中国家的经济发展和人民生活造成重大负担，我国学者提出了以合理性标准对抗美国等发达国家的高标准。合理性标准是指以是否符合本国的经济发展状况为判断一国知识产权保护水平高低的标准。按照合理性标准，一国确定知识产权保护水平的立法标准，应从自身出发，从坚持知识产权保护水平与一国经济发展水平相适应的原则出发。在我国，有学者明确提出了确立合理的知识产权保护水平的主张，认为我国知识产权保护水平不必过于攀高，而

---

❶　齐爱民："论知识产权保护水平"，载《苏州大学学报（哲学社会科学版）》2010年第2期，第37~40页。

是应根据不同发展阶段的经济状况，确定保护水平。我国在某些领域的知识产权立法过于激进，与我国现实的科技、经济水平不协调，与我国现阶段的公共政策目标不一致。这种观点还认为，我国单方面提高保护水平，实际上是加重自己的负担，如计算机软件最终用户使用侵权责任的承担问题，就比我国台湾地区和日本的规定都要严格。❶合理性标准说认为，由于发达国家为知识产权出口国，知识产权保护水平越高，就越有利于发达国家；发展中国家为知识产权进口国，知识产权保护水平越低，就越有利于发展中国家。保护水平过高，对发展中国家来说意味着更大的发展成本，对普通消费者来说，则意味着更重的生活负担。所以，主张发展中国家采用相对较低的保护水平和较弱的保护政策。❷

（三）知识产权保护水平的影响因素

关于知识产权保护水平的影响因素，许多学者从各个角度开展了研究，从已有研究中可以发现，发展中国家的知识产权保护程度主要由经济发展水平、市场结构、技术差距、创新活动特征等因素共同决定。

---

❶ 梅术文："论知识产权保护基本规律及其启示"，载http：//www.privatelaw.com.cn/new2004/ztyj/.%5Cshtml%5C20080307-082623.htm。

❷ 齐爱民："论知识产权保护水平"，载《苏州大学学报（哲学社会科学版）》2010年第2期，第37~40页。

1. 经济发展水平对知识产权保护水平的影响

近年来，经济发展水平对知识产权保护水平的影响受到不少学者的广泛关注。吉纳特(Ginarte)和帕克(Park)的研究表明，世界上不同国家采取不同程度的知识产权保护，即使同一个国家在不同的发展阶段也采取不同程度的知识产权保护，知识产权保护程度与该国的经济发展水平紧密相关。[1]马斯库斯(Maskus)和布拉高(Braga)等的研究成果认为，一个国家应依据经济发展水平来选择知识产权保护程度。[2] 勒纳(Lerner)通过对60个国家的150年数据进行实证分析，证实经济发展水平与专利保护之间有正相关关系。[3]汤普森(Thompson)和拉欣(Rushing)通过实证分析发现，知识产权保护的增长效应取决于人均GDP水平，只有当人均GDP 达到一定水平时，知识产权保护对经济增长才会有正的影响。[4]知识产权保护具体作用于一个国家内部各个产业的创新活动与技术发展，有学者就通过研究发现，知识产权保护对企业创新的影

---

[1] Ginarte, J. C, Park, W. G. Determinants of patent rights: A cross-national study. *Research Policy*, 1997, 26(3): 283~301.

[2] Braga, C, P, Fink, C. Sepulveda, C. P. *Intellectual property rights and economic development*. Washington: World Bank Discussion Papers (No. 412), 2000.

[3] Lerner J. The economics of technology and innovation: 150 years of patent protection. *American Economic Review*, 2002, 92(2): 221~225.

[4] Thompson, M. Rushing, F. An empirical analysis of the impact of patent protection on economic growth: An extension. *Journal of Economic Development*, 1999, 24(1): 67~76.

响在不同产业间是具有差异性，❶所以知识产权保护程度应区别不同产业的发展程度而有所差异，特别是对于发展中国家来说，很多产业发展的起步较晚以及资源的局限性，各类产业间存在明显的不均衡发展状况，需要采取不同的知识产权保护策略，对发展较为成熟的产业应采取较高程度的知识产权保护策略，对处于发展初期或不稳定阶段的产业则应采取较低程度的知识产权保护策略。吉纳特和帕克通过对高、中、低收入层次国家的"知识产权保护水平指数"的横纵向变化进行比较分析，认为知识产权保护水平与人均GDP存在明显的正相关关系。并且随着人均收入的增加，知识产权保护强度的增加越来越快。❷布拉高对1975年75个国家的数据进行研究指出，各国知识产权保护程度总体上随人均GNP的增加而单调递增。❸可见，知识产权是市场经济发展的结果，经济发展水平对知识产权保护水平存在明显影响。

2. 市场结构对知识产权保护水平的影响

古尔德(Gould)和格鲁本(Gruben)通过研究认为市场

❶ Allred, B. B., Park, W. G. The influence of patent rights on firm innovation investment in manufacturing industries. *Journal of International Management*, 2007,13(2) : 91~109.

❷ Ginarte J. C. Park W. G. Determinants of patent rights: Across-national study[J]. Research Policy, 1997, 26 (3):283~301.

❸ Braga, Primo C.A. and Frink, Carsten and Sepulveda, C.P. Intellectual Property Rights and Economic Development[J]. *World BankWorking Paper*, 2000.

结构会影响知识产权保护、创新和增长之间的关系后，使用95个国家1960~1988年数据进行实证研究发现，市场竞争越充分，知识产权保护在促进创新和经济增长方面的作用越大。[1]一个国家内部各个产业的市场结构差异会很大，所以为了更充分地促进创新和经济增长，可以根据产业市场竞争程度的不同采取不同程度的知识产权保护策略。但是，反垄断法等防止知识产权滥用的政策法规必须较为完善，因为专利权保护可能导致垄断利润和集中市场结构，[2]既不利于消费者利益，又阻碍产业的良性发展。特别是在全球化日益加速的形势下，发达国家企业以各种方式融入发展中国家市场，而发展中国家的反垄断法并没有像发达国家那样完善，这给予发达国家的企业可能滥用其知识产权的机会。[3]所以，在完善反垄断法等防止知识产权滥用的政策法规的前提下，发展中国家在市场竞争程度较为充分的产业可以适当提高知识产权保护程度，在市场竞争程度较低的产业则采取较低程度的知识产权保护策略。

---

[1] Gould, D. M. Gruben, W. C. The role of intellectual property rights in economic growth. *Journal of Economics Development*, 1996, 48(2): 323~350.

[2] Deardorff, A. V. Welfare effects of global patent protection. *Economical*, 1992, 59(23): 35-51.

[3] Zhan, Y. Zhu. X. Intellectual property right abuses in the patent licensing of technology standards from developed countries to developing countries: A study of some typical cases from China. *The Journal of World Intellectual Property*, 2007, 10 (3/4): 187~200.

3. 科技水平对知识产权保护水平的影响

知识产权保护最终作用于科学技术的发展，有学者研究了知识产权保护程度与国家科技发展水平之间的关系，得出的结论是：发展中国家的知识产权保护力度应该与本国企业的科技水平相适应。[❶]但更多学者意识到，知识产权保护对科技进步的影响与该国的相对科技水平有关。[❷]王林和顾江基于85个发展中国家（或地区）的面板数据分析表明，知识产权保护的增长效应取决于该国科技水平与世界科技前沿之间的差距，当该国科技水平接近世界科技水平前沿时，严格的知识产权保护有利于其经济增长，反之，则会阻碍经济增长；[❸]余长林的研究成果认为，知识产权保护对发展中国家经济增长的影响效应取决于发展中国家与发达国家的技术差距。当技术差距较大时，宽松的知识产权保护政策会有利于发展中国家的经济增长；而当技术差距较小时，严格的知识产权保护政策会有利于发展中国家的经济增长。[❹]发展中国家内部各个产业技术发展的相对水平也会存在差异，为

---

❶　蔡玲："发展中国家技术赶超最优路径探析：基于知识产权保护和企业危机意识的视角"，载《经济评论》2009年第3期，第108~114页。

❷　Chen Y. Puttitanun T. Intellectual property rights and innovation in developing countrie. *Journal of Development Economics*, 2005, 78(2): 474-493.

❸　王林、顾江："发展中国家的知识产权保护与经济增长：基于跨国数据的实证分析"，载《世界经济研究》2009年第5期，第48~52页。

❹　余长林："知识产权保护与发展中国家的经济增长"，载《厦门大学学报（哲学社会科学版）》2010年第2期，第51~58页。

了更好地发挥知识产权保护政策的作用，针对不同产业的相对技术水平也应采取不同的知识产权保护策略。与发达国家或技术前沿之间的技术差距较大的产业应采取较低程度的知识产权保护策略，而与发达国家或技术前沿之间的技术差距较小的产业可以采取较高程度的知识产权保护策略。

4. 创新活动特征对知识产权保护水平的影响

知识产权保护的最初动机是保护创新成果、促进创新投入，但随着研究的深入，学者们逐渐从动态的视角发现，知识产权保护对于不同特性的创新活动来说发挥的作用是不同的。如伯森(Bessen)和马斯金(Maskin)认为，如果创新是连续的和补充性的，专利保护就消减了总体创新和福利，只有有限的知识产权才值得推崇。[1]在发展中国家技术模仿与自主研发两种创新行为共存的情况下，陈永明等(Chen)认为，专利保护水平越弱越有利于模仿，专利保护水平越强则越能促进技术创新，发展中国家应该随着自身发展阶段的不同，先降低专利保护水平，而后再提高专利保护水平。[2]皮纳雷洛(Parello)在研究发展中国家较强的知识产权保护水平如何影响R＆D投

---

[1] Bessen, J. Maskin, E. Sequential innovation, patents, and imitation. *The RAND Journal of Economics*, 2009, 40(4): 611~635.

[2] Chen, Y. Puttitanun T. Intellectual property rights and innovation in developing countries. *Journal of Development Economics*, 2005, 78(2): 474~493.

资、技术转移及技能累积的过程时发现，较强的知识产权保护水平仅仅短期刺激创新频率，然而降低了长期的模仿频率，进而降低了技术转移效率。❶因而，有学者就指出，发展中国家在其发展的早期阶段，以从发达国家引进技术为主，理应设定相对较低的专利保护程度以减少垄断造成的福利损失。❷所以，从创新活动的动态特性来说，如果某产业的创新具有频繁多变、关联性较小等特性时，可采取较强的知识产权保护策略，如果某产业以连续性、补充性的创新为主时，则可采取较弱的知识产权保护策略；从创新活动的分布特性来说，若某产业该时期以技术模仿行为为主促进技术进步时，应采取较弱的知识产权保护策略，若是以自主研发行为为主促进技术进步时，则应采取较强的知识产权保护策略。❸

　　技术创新是推动国家和企业经济高速发展的动力，而知识产权制度则是保证技术创新成果权利化、资本化、商品化和市场化的基本前提，因此创新成果需要知识产权的保护。❹技术创新与知识产权制度是一种相互促

❶　Parello, C. P. A North-South model of intellectual property rights protection and skill accumulation. *Journal of Development Economics*, 2008, 85(1/2): 253~281.

❷　徐朝阳："技术扩散模型中的发展中国家最优专利保护"，载《经济学（季刊）》2010年第2期，第509~533页。

❸　洪勇、吴勇："发展中国家知识产权保护程度相对评价方法研究"，载《科学学与科学技术管理》2011年第2期，第37~45页。

❹　华鹰："论技术创新与知识产权保护"，载《重庆工商大学学报》2004年第3期，第96~100页。

进的良性互动关系：知识产权制度是保护智力成果不受侵犯的重要法律制度，是伴随着科学技术发展、文化艺术的繁荣而不断发展的，可以说技术创新推动知识产权制度进入了一个深刻变化的时代。

5. 国际直接投资等对知识产权保护水平的影响

改革开放以后，我国有吸引外资的客观需求，而外商投资企业的生产经营是按照国际惯例进行的，这些必然要求中国的某些法律制度同国际惯例接轨，从而促进了中国在建立知识产权有关法律制度方面向国际标准靠拢。

有研究表明，专利给企业带来的收益中，发达国家企业分得的比重随着它们在发展中国家申请并实施专利量的增长而增加，而发展中国家企业分得的比重则相对下降。发展中国家应该选择适当弱化国内专利保护的政策，这样可以使发达国家企业分得的比重降低。国内创新对知识产权保护水平没有明显的影响，而国外专利申请量却对知识产权制度的改善有影响。❶

另外，有学者对区域专利保护程度影响因素进行了分析。❷专利保护包括专利权人自己的保护，也包括国家或地方立法行政机关的保护，同时由于专利社会中介服

---

❶ 孙旭："中国知识产权保护水平与影响因素的实证分析"，载《理论学刊》2010年第7期，第54~59页。
❷ 耿文龙、叶春明、陆静："基于主成分分析的我国区域专利保护水平评价研究"，载《科技进步与对策》2011年第11期，第120~122页。

务机构的专业性，其在服务客户的过程中也对专利保护起到重要作用。❶专利权人的保护主要是权利人主动申请、获得和维持专利权的意识与行为，可以通过其申请专利、获得专利授权、缴纳专利维持费用、识别专利侵权行为来度量专利权人保护专利的程度。国家或地方立法与行政机关的保护主要是指国家或地方通过立法、审批、司法、行政执法等途径维持专利权有效，防止专利侵权和假冒行为。其对专利保护程度可用其颁布的相关法律法规数量、受理专利侵权案件数量、结案专利侵权案件数量、专利侵权涉案金额等来衡量。社会中介服务机构的保护主要是其利用自身专业资质与知识为专利权人提供专利咨询、申请、诉讼、无效宣告、转让等服务所起到的间接性保护作用，其保护程度可用专利中介机构数量、专利中介机构从事专利保护人员数来度量，如专利代理机构数量、专利代理人数量等。❷

---

❶ 魏雪君、葛仁良："区域专利保护评价指标体系构建研究"，载《科技管理研究》2008年第8期，第252~253页。
❷ 宋河发："专利保护程度评价体系与中美保护程度比较"，载《科学学研究》2007年第4期，第646~653页。

二、知识产权保护水平评价指标体系基本问题

知识产权的保护水平是指权利人的知识产权依法受保护的强度。采取何种知识产权的保护水平属于一个主权国家的内部事务，但随着世界经济一体化的发展，一国的知识产权保护水平往往取决于国内外各种因素的相互作用。知识产权的独特性使得知识产权保护水平的度量极为不易：既不能像关税那样可以直接按征收幅度征收，也不能用其对影响创新投入的变化进行间接度量。因此，研究知识产权保护水平评价指标体系的基本问题显得非常重要。

（一）知识产权保护水平评价基本问题

1. 知识产权保护水平评价的重要性

知识产权保护水平评价的价值取向是知识产权事业发展的核心内容之一，直接决定着一个国家知识产权发展的方向，也直接关系到知识产权保护水平评价的内容、重点和评价主体的选择。因为即使相同或者相近的知识产权保护水平过程，如果评价的价值取向不同，评价的内容、重点和选择的主体可能不同，评价结果就肯定不同。本专题认为，知识产权保护水平评价应该以下列三个方面为价值取向。首先，知识产权保护水平评价

要以以人为本、全面、协调和可持续为核心价值；其次，知识产权保护评价要以高效、公开、公正为内在要求；再次，知识产权保护水平评价要以客观性、科学性和准确性为目标。❶ 确定了正确的评价价值取向后，正确选择知识产权水平的评价对象就显得非常重要。评价对象选择知识产权保护过程，还是选择保护效果，还是二者兼评，值得思考。有了正确的评价对象，还必须有合理的评价标准，否则评价无法执行。知识产权保护水平评价标准是指依据知识产权保护目标而设置的、用以评价保护效果的尺度或准则，是开展知识产权保护水平评价的依据、前提和逻辑起点。

2.知识产权保护水平评价的必要性

对知识产权保护水平进行全面而客观的评价是现代经济社会发展的必然要求，是科学实施公共政策的内在要求，也是实施知识产权战略、完善知识产权保护措施的必然要求。首先，知识产权保护水平评价是检验知识产权保护制度和措施实施效果的重要手段。知识产权保护水平评价就是通过收集知识产权保护的实际实施效果的相关信息，运用科学方法分析和判断知识产权保护是否实现了其预期目标，或者实现预期目标的程度，从而

---

❶ Smith G.V., Parr R.L., *Valuation of intellectual property and intangible asset.* John Wiley & Sons Inc., New York, 1989.

评价实施知识产权保护制度和措施所产生的社会和经济效益的过程。其次，知识产权保护水平评价是制定和实施知识产权战略的关键依据。知识产权保护制度和措施的制定往往是决策者依据有限信息，凭借相关技术和方法对现有情况及对未来情况的预期所做出的判断，存在很多假设条件，确定性因素有限，所以在知识产权保护过程中难免会出现偏差，因此，知识产权保护水平实际情况的评价结果可能是决定知识产权保护制度和措施延续或者调整的关键因素。再次，知识产权保护水平评价是调整知识产权保护力度，提高知识产权保护效率的重要保障。通过对知识产权保护水平的准确评价，能够及时发现知识产权保护过程中存在的问题，并及时加以纠正，可以有效地监督、预防知识产权保护过程中出现偏差，保证知识产权保护制度和措施的正确实施，提高知识产权保护效率。

3. 知识产权保护水平的评价主体

知识产权保护水平的评价主体是指组织或者主持知识产权保护水平评价过程的机构或组织。因为评价主体的选择恰当与否会直接影响到知识产权保护水平评价的效度和信度，所以评价主体的选择要以有利于知识产权保护目标实现，并确保评价效度和信度为出发点和落脚点。本专题建议选择知识产权保护水平评价主体时遵循以下原则。（1）多元化原则。随着知识经济的发展，知识产权已经渗透到社会生活的方方面面，涉及不同层次群体的利益。同时知识产权保护水平评价的公正性也要求评价主体的多元化。（2）独立性原则。如果评价主体没有独立性，将会受到相关利益者的干扰，不可能做出客观的评价结果。如上级部门评价下级部门的方式，会因为评价主体和被评价对象存在千丝万缕的利益关系，评价主体在知识产权保护水平评价过程中难以保持其公正性和客观性。因此评价主体的独立性是评价结果公正性的保障。（3）专业性原则。知识产权保护客体包括专利、商标、版权、商业秘密、集成电路设计、植物新品种等内容，每一种客体都包含着复杂的专业知识，对评价主体的专业技术要求较高，特别是专利保护水平的评价对技术的要求更高。所以专业性是知识产权保护水平评价信度的保障。（4）代表性原则。评价主体应该具有代表性。在评价中既要防止评价主体全部由官方构成，缺乏代表性，又要防止虽有一定数量的非官方组织和社会公众参与，❶ 但是参与评价的社会组织和公众代表产生方式和评价结果权重不合理，导致参与评价的公众主体仅具有象征性。知识产权保护水平关系到不同层次的群体利益，所以选择代表性较强的评价主体是评价结果

---

❶　Ken S.Cavalluzzo, Christopher D.Ittner. Implementing performance measurement innovations: evidence from government. *Accounting, Organization and Society*, 2004, (29): 243- 267.

客观全面的保障。本书建议知识产权保护水平评价主体由代表政府的知识产权局、工商局和版权局等行政机关，代表司法的法院等司法机关，代表立法的人大等立法机关，知识产权代理机构和律师事务所等中介机构，高等院校和研究机构的专家，尤其是知识产权权利人、权利相关人以及相关公众等按照一定的比例构成。

4. 知识产权保护水平的评价难点

对于评价知识产权保护水平的决策者、执行者和执行对象来说，不同类型主体对知识产权保护水平评价会采取不同的立场和态度。另外还有知识产权保护目标的不确定性、评价资料的有限性等其他一些因素可能成为抵制、阻挠乃至反对进行知识产权保护水平评价的理由，为知识产权保护水平进行有效评价带来困难。当然，更为重要的是知识产权保护水平的自身特点决定了对其评价的难度，这主要表现在以下几个方面。（1）知识产权保护水平目标的模糊性。知识产权保护水平评价是考察、检验知识产权保护是否达成了预定的目标或达成目标的程度，但是知识产权保护自身的层次性和保护水平的模糊性决定了部分评价目标，尤其是一级目标和二级目标很难量化。（2）知识产权保护目标的可变性。尽管为了获得较为客观的评价结果，评价目标需要相对稳定。但是科学技术的进步和经济社会的发展，加之知识产权领域本身发展很快的特点，要求知识产权保护水平评价目标要与时俱进。（3）知识产权保护作用的多重性。知识产权保护水平不但会影响国家的政治、经济、科技、法律等，而且会影响到社会的教育、文化、产业等，更会影响人们的社会生活。这些影响既有积极的，也有消极的；既有短期的，也有长期的。而且各种影响因素不可能用一个计量标准来衡量，有些影响因素难以测定，甚至无法测定。（4）知识产权保护作用的协同性。知识产权保护是在实施知识产权战略、科技发展战略等重要措施的配合下发挥作用的，不可能单独发挥作用。这就导致了知识产权保护措施与其他战略措施实施所产生效果的混合或者重叠。在知识产权保护水平评价实践中很难准确地分清哪些效果是由知识产权保护措施产生的。（5）反映知识产权保护效果信息的有限性。知识产权保护过程中产生的效果，有些可能很清楚地表示出来，如专利侵权数量、侵权赔偿数额、申请量、授权量等。但是有些却很难用数据表示，如公民的知识产权保护意识的提高水平和社会的知识产权保护文化氛围的增强程度等。另外体现有关知识产权保护效果的信息收集和管理体制还不够健全，使得相关资料不完整，统计数据不准确，使得知识产权保护水平评价者难以获得相对准确的信息，也为评价带来了困难。

5. 知识产权保护水平评价的误差

知识产权保护水平评价是一种主观评价指标和客观

评价指标相结合的复杂的评价过程，所以评价结果难免存在误差。所谓知识产权保护水平评价误差，是指评价结果与知识产权保护水平的实际保护效果之间的差距，反映了评价结果的不准确程度。为了保证知识产权保护水平评价结果的真实性和可靠性，评价主体要从评价方法、评价主体自身、评价程序等方面找出可能出现误差的原因。虽然误差不能消除，但是可以通过一定的方式尽可能地减少。应该认真分析误差属于系统误差，还是属于人为误差。如果是系统误差，就必须找出误差值的范围，进行必要的修正；如果是人为误差，不但要尽量减少这种误差，而且要追究相关人员的责任，从而使知识产权保护水平评价准确、规范和科学，❶ 为提高知识产权保护水平评价的信度与效度奠定基础。

6. 知识产权保护水平评价结果的运用

知识产权保护水平评价结果有助于政府发现知识产权保护过程中存在的问题，为进一步完善和提高知识产权保护水平提供依据，所以知识产权保护评价结果的运用是知识产权保护水平评价不可缺少的重要环节。一般而言，知识产权保护水平评价结果运用主要包括以下三个方面：（1）知识产权保护部门或组织可以将其作为

---

❶ Deborah F. Boice, Brian H. Kleiner. Developing an effective system for performance appraisal. *Work Study*, 1997, 197 -201.

对被评价部门绩效考核或者对责任人进行奖惩的参考依据；（2）被评价部门可以通过评价结果发现问题、提高工作效率；（3）社会公众可以将评价结果作为加强社会舆论监督的依据。需要特别指出的是，因为知识产权保护水平评价需要收集大量的相关数据，而这些数据中相当一部分是由被评价部门提供，且评价结果往往与被评价部门利益相联系。如果评价结果运用方式与他们的利益相冲突，他们可能会提交不够准确的数据，甚至故意造假，所以应该将知识产权保护水平评价法制化。如果存在数据不准，甚至故意造假，应该追究相关责任人责任，甚至是法律责任。

（二）知识产权保护水平评价指标选取原则

评价指标的合理筛选和指标体系的科学构建是知识产权保护水平评价活动顺利进行和评价结果准确性的保证。选择哪些评价指标，不选择哪些评价指标，要体现知识产权保护水平评价总的价值取向。在被选择的评价指标中，每一指标在指标体系中的位置以及它们所占的权重不仅要体现知识产权保护水平评价的价值取向，还要体现知识产权保护水平评价的重点，同时还可以在一定程度上体现知识产权保护水平评价的程序。科学构建评价指标体系是知识产权保护水平评价是否可行，评价结果是否准确的关键。知识产权保护水平评价指标的选取应该遵循科学、全面、客观和准确的指导思想。建议知识产权保护水平评价指标选取遵循下列原则。

1. 战略性与科学性相结合

知识产权保护水平评价指标的选取和评价指标体系的构建要以战略性为指导，以科学性为基础，将科学性和战略性有机结合。在选取知识产权保护水平评价指标时，要考虑该项指标在整个指标体系中的地位和作用，依据其反映的特定对象的性质和特征，确定该指标是否被选取。当特定评价对象有多种指标可供选择时，究竟确定哪些指标才能客观反映评价对象，需要将科学性和战略性结合起来。在设计知识产权保护水平评价指标体系时，要准确把握绩效评价指标内涵的正确性和准确性、指标体系的完备性和科学性、处理方法的逻辑性和合理性。

2. 重点性与全面性相结合

知识产权保护水平涉及政治、经济、文化、法律和社会等多个领域，各个领域又相互联系相互作用。这就决定了知识产权保护水平评价指标体系是一个突出重点又全面开放的系统。指标设计必须覆盖知识产权保护所涉及的所有方面和领域，但作为评价体系不可能也没有必要面面俱到，必须突出一些重点方面和关键领域，设计合理数量的关键性指标来综合反映知识产权保护效果。知识产权保护水平评价要根据各指标对实现知识产权保护评价目标的重要程度，同时考虑各类指标在评价指标体系中的合理结构，指标间的逻辑关联度，对指标及其权重进行合理取舍，达到评价指标既能突出重点，又能保持相对均衡统一。❶

3. 动态与静态相结合

为了保证知识产权保护水平评价的准确性，有必要要求知识产权保护评价指标体系在指标的内涵、指标的数量及体系的构成上均保持相对稳定性，但是评价指标体系的稳定是相对的。随着知识经济的发展和国际竞争的逐渐激烈，知识产权保护的外部环境和评价取向的变化，知识产权保护水平评价指标体系也应改进和变化。因此在设计知识产权保护水平评价指标体系时，既要体现当时知识产权保护的特点和实施条件，保持其相对稳定性，又要对未来社会发展有所预见，且进行必要的动态调整，使得知识产权保护水平评价适应社会的发展。

4. 定量与定性相结合

定量指标的特点是具体、直观，评价时可以计算其具体数值，也容易制定明确的评价标准，不易产生分歧误解，说服力较强，有利于绩效评价的科学化。但是知识产权保护水平评价本质上是一种定性评价，定量评价

---

❶　Robert L. Jr. Ostergard. The measurement of intellectual property rights protection. *Journal of International Business Studies*, 2000, 31.

要以定性评价为前提和基础。而且知识产权保护是一个长期的复杂工程，其保护效果的显示是一个复合系统，不是所有指标都能量化，所以必须设置一定数量的定性指标来反映知识产权保护的效果。评价中只有把定量指标和定性指标有机结合，才能使评价结果更具综合性。

5. 可比性与可操作性相结合

指标的可比性是指同一指标体系，尤其是一个次级指标内，按照特定的标准，指标间的关系是可比的。知识产权保护水平评价指标应该具有可比性，否则评价体系难以发挥作用。可操作性是指在满足评价目的需要的前提下，评价指标概念清晰，表达方式简单易懂，数据易于采集，操作途径切实可行。指标体系的构建必须将可比性和可操作性相结合。

（三）知识产权保护水平评价指标权重确定方法

指标权重的确定方法概括起来有主观赋权法和客观赋权法。前者包括专家排序法、专家评分法(Delphi法)、层次分析法(AHP)；后者包括秩和比法(RSR)、相关系数法、主成分分析法和因子分析法等。主观赋权法主要是根据专家评价，通过数理计算确定权重，虽然在赋权过程中采用不同的技术在一定程度上可以减少赋权的主观性，但这种权重对专家仍存在不同程度的依赖。客观赋权法是根据实际采集数据，通过数理运算，依据指标之间量的关系确定权值大小，避免了人为因素和主观因素的影响。两大类指标权重确定方法各有利弊，较好的方法是将二者结合使用。层次分析法和因子分析法的结合可以避免单一主观或客观方法造成的误差。因此本书选择将这两种方法相结合确定知识产权保护评价指标权重。因为知识产权保护水平评价指标体系比较复杂，故采用的是单独确定权重以后再确定一级指标权重。具体方法是从末级指标开始，逆向确定各级指标权重。

1. 因子分析法检验二级指标

因子分析法是多元统计分析技术的一个分支，其主要目的是浓缩数据。该方法通过研究众多变量之间的内部依赖关系，探求观测数据中的基本结构，并用少数几个假想变量表示基本数据结构。因子分析法主要应用于寻求基本结构和简化结构。因子分析法是一种将多变量简化为少数重要变量的研究方法，其目的是分解原始变量，从中归纳出潜在的"类别"，将相关性较强的指标归结为一类，每一类变量由一个共同因子代表，而不同类之间的相关性则很小。该分析方法将多个相互关联的指标组合成相互独立的少数几个能充分反映总体信息的指标，在不损失主要信息的前提下，解决变量间的多重共线性关系问题。

2. 层次分析法确定主观权重

层次分析法(AHP)是由美国运筹学家萨蒂(T.L.Saaty)

最先提出。该方法先将决策问题置于一个存在互相影响
的多种因素系统中，然后将这些问题层次化，形成一个
多层次的分析结构模型。该方法将复杂系统的决策思维
层次化，在决策过程中有机地结合了定性和定量因素，
将主观性依据用数量形式表达，使之条理化，避免由于
主观性导致权重预测与实际情况相矛盾的问题。该方法
把复杂问题分解成各个组成因素，又将这些因素按支配
关系构建成递阶层次结构，通过聘请专家打分，对同一
层的各因素对上一层次的重要性进行两两比较，构成判
断矩阵，计算出该层内各因素的权重。具体流程如图3-1
所示：

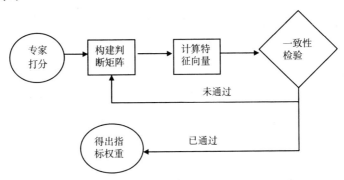

图3-1　层次分析法确定知识产权保护水平评价指标权重流程

因为该分析方法确定因素权重的优越性，其在社会
经济研究的多个领域得到了广泛的应用。本专题建议评
价知识产权保护水平指标体系时，确定权重采用层次分
析法。

三、知识产权保护水平评价指标体系分析

构建评价指标体系是客观评价知识产权保护水平的重要内容。随着知识产权保护水平对经济、科技和社会发展影响程度的不断深化，对知识产权保护水平的客观评价显得越来越重要。为此，国内外学术界对知识产权保护水平评价指标体系的研究也不断加深。本部分主要从定性指标和定量指标两个方面进行分析。定性指标主要从知识产权相关法律对知识产权的保护范围、限制程度和救济手段三个方面进行分析；定量指标主要分析较有影响的RR指标、GP指标和HL指标。

（一）知识产权保护水平定性评价指标

1. 知识产权的保护指标

知识产权保护的主体指标、客体指标、权利指标、时间指标的扩大或缩小意味着知识产权保护水平的提高或降低。

（1）主体指标。知识产权主体是民事主体，但不是所有的民事主体都可以对其创造的智力成果享有知识产权。2001年修订以前的我国《商标法》规定，自然人不能申请注册商标，成为注册商标专用权人。我国《著作权法》规定，外国人要想在中国享有著作权保护，必须符

合一定的条件，或是其作品首先在中国境内出版，或是其所属国同中国签订有双边协议或共同参加了有关国际条约。可见，在其他条件不变的情况下，知识产权主体范围的扩大会使知识产权保护水平的提高，反之，会导致知识产权保护水平的降低。

（2）客体指标。知识产权客体是知识产权保护的对象，是指人们在科学、技术、文化等知识形态领域中创造的智力成果。人类每时每刻都在创造出大量的智力成果，哪些智力成果应该属于知识产权保护范围之中，哪些智力成果排除在保护范围之外，以及将受保护的智力成果纳入哪一种知识产权法律保护之中，将显示出知识产权保护的不同水平。例如，在工业化发展初期，出于保护民族工业的考虑，一些国家的专利法对食品、药品、农用化学品等大类不予保护或者只授予方法专利，不授予产品专利。这在不同程度上反映了这些国家当时的知识产权保护水平。

（3）权利指标。知识产权的权利是指知识产权的效力范围。效力范围的大小会直接反映出知识产权保护水平的高低。2001年10月修订之后的我国《著作权法》扩大了著作权人的权利内容，增加了电影作品、计算机程序的著作权人的出租权；拓宽了"表演权"外延，将其解释为"公开表演作品，以及用各种手段公开播送作品的表演的权利"；规定了信息网络传播权，即以有线或者无线方式向公众提供作品，使公众可以在其个人选定的时间和地点获得作品的权利。将摄制权规定为，以摄制电影或者以类似摄制电影的方法将作品固定在载体上的权利。❶ 在《专利法》中，许诺销售权的增设就是因应了社会经济不断发展的需要。这均反映出知识产权保护水平的上升态势。

（4）时间指标。时间指标是指知识产权依法受保护的最长期限。有期限保护是知识产权的主要特征之一。在有效保护期内，权利人可依法自由行使其享有的知识产权，社会公众仅仅在法律规定的特定情况下，合理使用权利人的智力成果，除此之外，必须经由权利人许可并支付使用费，否则，就有可能被追究侵权责任。英国最早的《垄断法》规定专利权的保护期限为14年。WTO成立之前，世界各国的专利权保护期限不同，长的有20年，短的有10年、8年，甚至5年。❷TPIPs协议规定，专利权的保护期限自申请日起不得少于20年。我国1985年制定的《专利法》规定，发明专利保护期限为15年，我国1993年修订的《专利法》规定，发明专利保护期限为20年，自申请日起算。知识产权保护期的长短从时间维度上反映着知识产权保护水平的高低。

---

❶ 吴汉东：《知识产权法》，法律出版社2014年第5版，第41页。
❷ 李明德：《知识产权法》，法律出版社2014年第2版，第162页。

2. 知识产权的限制程度指标

知识产权的客体保护范围和时间长度从正面反映了知识产权的保护水平，而知识产权的权利限制或者说例外情况则从反面反映了知识产权的保护水平。知识产权的权利限制措施主要包括合理使用、法定许可、强制许可。

（1）合理使用。合理使用是指在特定的条件下，法律允许他人不经权利人许可，也不向权利人支付报酬，就可以使用权利人的智力成果的合法行为。著作权法对合理使用问题进行了全面规定，商标法和专利法均有不视为侵权的例外规定，这些规定类似于合理使用。合理使用是对知识产权权利范围的正当限制，是对不同类型权利人的平衡。合理使用的主体、客体以及合理使用的适用条件构成了合理使用的范围。就知识产权制度的发展趋势来看，合理使用的主体及客体愈来愈受到严格的限制，社会公众的合理使用空间在不断地缩小，反映出知识产权保护水平的上升趋势。

（2）法定许可。法定许可是指根据法律的直接规定，使用人无须预先获得权利人许可即可以特定方式使用权利人的智力成果，但须支付使用费的合法行为。法定许可是对知识产权权利范围的又一个重要限制措施，使得在此情况下使用知识产权只有获得报酬权。法定许可使用的主体及客体构成了法定许可的范围。例如我国《著作权法》规定了"报刊转载""录音制品制作""播放作品""播放录音制品""教科书编写"
等。法定许可范围的大小在一定程度上反映了知识产权
保护水平的高低。

（3）强制许可。强制许可是指在特定的条件下，使
用人以合理条件于合理期限内未能获得权利人许可，经
相关行政机关审批，使用权利人的智力成果，并支付报
酬的行为。强制许可对知识产权权利范围的限制程度最
高，审批程序比较严格，使用极其谨慎。因此，对于强制
许可的条件严于法定许可及合理使用。强制许可已成为
国际知识产权领域发达国家与发展中国家矛盾的焦点，
在一定程度上反映了知识产权保护水平的价值取向。

（二）知识产权保护水平定量评价指标

早期关于知识产权保护水平的研究成果，多数以
权利保护期限或范围为指标。在知识产权或专利保护
期限方面的研究，诺德豪斯、谢勒等的研究成果最有
影响力，他们认为，专利保护期不仅应该是有限的，而
且存在一个最优的专利保护期限，并对此问题进行了论
证❶❷；墨杰斯(Merges)和尼尔森(Nelson)将专利保护期限
视为专利权人垄断权利延续的有效时间，而将专利保护

---

❶　Nordhaus, W. D. *Invention, growth, and welfare: A theoretical treatment of technological change*. Cambridge: MIT Press, 1969.

❷　Scherer, F. M. Nordhaus. theory of optimal patent life: A geometric reinterpretation. *American Economic Review*, 1972, 62(3): 422~427.

范围视为这种垄断权利的强度[1]；克伦佩勒(Klemperer)将专利保护宽度定义为产品特性空间中和专利产品特性类似但其他厂商不能模仿的范围，利用区位模型分析了差异化产品情况下专利保护范围和期限之间的最优权衡[2]。曼斯菲尔德(Mansfield)和谢伍德(Sherwood)运用问卷调查法，通过调查经理和专利律师等从业者关于知识产权保护水平观点，并对知识产权保护力度进行评论，并得出结论。[3][4]

很多学者通过大量关于知识产权保护水平的相关研究已经发现，一国的知识产权保护程度趋向受到经济、科技等诸多因素的影响。[5][6][7] 在如何通过定量数据评估知识产权保护程度方面，国内外不少学者对此问题进行

---

[1] Merges, R. P. Nelson, R. R. On the complex economics of patent scope. *Columbia Law Review*, 1990, 90(4): 839~916.

[2] Klemperer, P. How broad should the scope of patent protection be？. *RAND Journal of Economics*, 1990, 21(1):113~130.

[3] Mansfield, E. Intellectual property protection, direct investment and technology transfer: Germany, Japan and the United States. *Discussion Paper*. World Bank: International Finance Corporation, 1995.

[4] Sherwood, R. M. Intellectual property systems and investment stimulation: The rating of systems in eighteen developing countries. *Journal of Law and Technology*, 1997, 37(2): 261~370.

[5] Maskus, K. E. *Intellectual property rights in the global economy*. Washington, D. C. Institute for International Economics, 2000.

[6] Lerner, J. The economics of technology and innovation: 150 years of patent protection. *American Economic Review*, 2002, 92(2): 221~225.

[7] Chen, Y. Puttitanun, T. Intellectual property rights and innovation in developing countries. *Journal of Development Economic*s, 2005, 78(2): 474~493.

了大量研究，并取得了一系列研究成果。不过，通过大量指标和相关数据，定量测算出一个国家的知识产权保护程度处于某个数值（或排序），对于知识产权保护政策趋向与策略的选择具有重要的现实意义。

1. BF指标

波茨沃斯(Bosworth)和费兰蒂诺(Ferrantino)根据专利权的特征选择了一系列表示知识产权的相关变量指标，并采用虚拟变量的形式对知识产权保护水平进行分析，不过该分析方法的缺点是，没有综合这些变量指标形成最终的知识产权保护指数（IPP，Intellectual Property Protection）。[1][2] 为了对不同国家的知识产权保护水平做出全面和宏观评价，费兰蒂诺以各国知识产权法律为基础，将一国是否是世界知识产权组织(WIPO)的成员国，是否对世界知识产权组织成员国相关协议有效实施，作为衡量该国是否达到国际知识产权保护最低水平的标志，对不同国家知识产权保护水平进行评价。[3]

2. RR指标

拉普(Rapp)和罗塞克(Rozek)最早开始对知识产权

---

[1]　Bosworth, D. L. The transfer of U.S. technology abroad. *Research Policy*, 1980, 9 : 378~388

[2]　Ferrantino, M. J. The effect of intellectual Property rights on international trade and investment. *Journal of Economies Perspectives*, 1993,129:300~331.

[3]　Ferrantino, M. J. The effect of intellectual Property rights on international trade and investment. *Journal of Economies Perspectives*, 1993,129:300-331.

保护水平进行量化研究，他们根据不同国家知识产权法律的详细规定，对相关变量进行较为精准的度量和界定，然后根据这些国家的专利法法律条文与美国商会建议的知识产权最低保护标准的符合程度，尤其是这些国家的专利法对发明创造的保护强度，建立RR（Rapp和Rozek）知识产权评价指数，对比不同国家的知识产权保护强度进行分级评价。各国专利法保护的是技术创新过程中完成的具有新颖性并具有一定创造性的技术方案，所以专利法对技术的保护强度从技术创新层面上反映了一个国家知识产权保护水平。美国政府将他们的研究成果作为美国在全球知识产权问题上采取立场的依据之一。拉普和罗塞克建立的RR知识产权保护指数主要是把知识产权保护水平划分为五个不同的等级，分别用从"0"（完全没有专利法）到"5"（完全符合最低标准）之间的整数来表示。具体的计分方法为：0分表示该国根本没有专利法；1分表示该国专利法的保护不够充足；2分表示存在严重的法律缺陷；3分表示法律尚有缺失，但能进行有效的执行；4分表示该国具有较为完善的法律；5分表示该国的法律已完全达到了美国专利法的最低标准，或者美国商会（US Chamber of Commercial）制定的最低标准。❶

---

❶　Rapp, R. Rozek, R. Benefits and costs of intellectual property protection in developing countries. *Journal of World Trade*，1990，75/77：75-102.

　　由于RR知识产权保护指数是在不同国家专利法相关规定的基础上进行评价的，因而能较好地反映这些国家的知识产权保护水平。该评价的量化方法较为简便，被很多学者在其研究过程中引入了RR知识产权保护指数用以评价不同国家知识产权的保护强度。❶但RR知识产权保护指数在测度不同国家知识产权保护强度时存在一个重要缺陷，即RR知识产权保护指数主要是从一国立法完备性方面考察知识产权保护水平，忽略了衡量知识产权实际执法水平。也就是说，只评价不同国家是否制定了与知识产权保护相关的法律规定（静态指标），并没有考虑法律条款被执行后的实际效果。该知识产权保护指数由于缺乏对知识产权保护有效执行的实际评价指标，从而降低了知识产权评价指数的评价效果，特别是在衡量一些发展中国家知识产权强度时，因为这些国家在一定程度上存在立法层面较为完善而实际执法能力却较弱的问题，所以评价结果与知识产权实际保护水平往往相差较大。另外一个不足是，RR知识产权保护指数采用阶跃式的整数表示知识产权保护水平，指数相对较为粗糙，不够细致，使得评价知识产权保护立法水平相近国家的保护指数难以分辨，可能出现较大的评价误差。例

---

❶　Gould, D. Gruben, W. The role of intellectual property rights in economic growth. *Journal of Development Economics*, 1996, 48(2): 323-350.

如，由于保护指数的划分问题，既有可能把知识产权保护水平相差较大的两国纳入同一保护评价等级，又有可能把知识产权保护水平相差不大的两国分别纳入两个不同的保护评价等级。

3. GP指标

鉴于RR知识产权保护指数的上述缺陷，吉纳特(Ginarte)和帕克(Park)在拉普和罗塞克的知识产权保护RR指数的基础上，提出较为全面的评价知识产权保护水平的度量方法，将评价知识产权保护水平的指标分为五个：（1）知识产权保护范围；（2）是否为知识产权国际条约的成员；（3）知识产权权利的丧失救济；（4）知识产权执法机制；（5）知识产权保护期限。其中每个类别下又包含若干度量指标，并根据每个指标的情况分别评分。两位学者构建的指标被称为"GP指标"。

在构建知识产权评价指数时，GP指数法借鉴RR知识产权保护指数，同样以各国的专利法作为知识产权保护的立法标准，将不同国家知识产权保护水平的评价指标划分为二级指标。五个一级分类指标，分别衡量知识产权保护水平的五项内容；每个二级指标，分别对应知识产权保护有效强度特征的具体内容或相关条款。GP指数采用6分计分法，每个一级指标设1分，再根据二级指标数进行均分，具体计算时每符合一项二级指标该一级指标即累加该分数值，最后依据各一级指标的得分进行加总，因此GP指数的数值往往是0~5的分数，分值越高表示知识产权保护水平越强。具体的分类方法如下（见表3-1）。

表3-1　知识产权保护水平评价指标(GP方法)

知识产权保护范围	是否是知识产权国际条约成员国	知识产权权利的丧失	知识产权执法机制	知识产权保护期限
1.药品专利； 2.化学品专利； 3.食品专利； 4.动植物品种专利； 5.医疗器械专利； 6.微生物沉淀物专利； 7.实用新型专利	1.巴黎公约； 2.专利合作条约； 3.植物新品种保护公约	1.专利的计划许可； 2.专利的强制许可； 3.专利撤销	1.专利侵权的诉前禁令； 2.专利侵权的连带责任； 3.专利侵权人举证责任	发明专利(x/20)

（1）知识产权的保护范围。该一级指标包括可能成为专利保护客体的具有可专利性的七个方面内容：医药产品、化学产品、食品、动植物品种、医疗器械、微生物以及实用新型。一个国家专利法如果只允许一项成为专利权客体，该一级指标计1/7分值；如果允许七项成为专利权客体，则该一级指标累计7/7分，即1分。

（2）知识产权国际条约的成员资格。知识产权国际条约的成员资格指不同国家是否已经加入主要的国际性专利条约：1883年建立的《巴黎公约》、1970年签订的

《专利合作条约（PCT）》和1961年签订的《植物新品种保护公约（UPOV）》。每加入一个条约，一级分类指标累加1/3分值。

（3）知识产权权利的丧失。知识产权权利的丧失主要指对专利权的丧失，具体衡量针对以下三种情形可能导致的专利权保护丧失：①指要求发明或实用新型专利必须实施；②要求专利权人必须与第三人共同实施发明的强制许可；③规定专利必须在一个特定期间内予以实施，否则丧失权利。不同国家在专利法中每排除一种上述情形，该一级指标记1/3分值。

（4）知识产权执法机制。其是指知识产权保护法律必须具备可以实施的机制，具体包括三方面内容：①保护权利人不受侵权的诉前禁令；②专利侵权的连带责任；③专利侵权人的举证责任。不同国家专利法同时具备以上三方面内容时，该国在本项评价指标中记为3/3分，即1分。

（5）知识产权的保护期限。知识产权/专利保护期限是确保创新活动获得充分回报的重要条件。如果一个国家专利法规定的专利保护期限达到或超过以专利授权日为标准的17年期限或者以专利申请日为标准的20年期限，则该国此项分类指标记为1分；否则，以该国家专利保护期限与上述两种标准的期限(即17年或者20年)的比值作为该国此项分类指标的分值。

加总上述五个一级评价指标的分值，即为不同国家知识产权保护强度或者水平的得分，即GP指数的指标值。❶

鉴于GP知识产权保护水平评价方法与其他评价方法的比较优势：既有效避免了问卷调查法的主观随意性，又充分体现了知识产权立法保护的国际化趋势，GP知识产权保护水平评价指数法被广泛使用。GP方法有效地克服了RR方法的不足，也避免了问卷调查法的主观性、弱再现性的缺陷，因此，GP知识产权保护水平评价指数也被大量的研究所采用。❷❸❹❺❻

GP知识产权保护水平评价指数法和RR知识产权保护水平评价指数法相比较，前者较后者更为全面地反映

---

❶ Ginarte, J. C. Park, W. G. Determinants of patent rights: A cross-national study. *Research Policy*, 1997, 26(3): 283~301.

❷ Rod Falvey, Neil Foster. David Greenaway, Intellectual Property Rights and Economic Growth . January2004. in http: //www. nottingham. ac.uk/economics/ leverhulme/ research_ papers /04_12. pd.

❸ Fink, C., Braga. C. A. P. *How Stronger Protection of Intellectual Property Rights Affects International Trade Flows* . C. Fink and K. E. Maskus (eds.), *Intellectual Property and Development: Lessons from Recent Economic Research* . Washington, D.C.: The World Bank/ Oxford University Press, 2005.

❹ Smarzynska B. The composition of foreign direct investment and protection of intellectual property rights: evidence from transition economies . *European Economic Review,* 2004(48): 39~62.

❺ Yang G., Maskus K. E. Intellectual property rights and licensing: an econometric investigation . *Weltw irtschaftliches Arch iv*, 2001: 137, 58~79.

❻ Xu B., Ch iang E. P. Trade, patents and international technology diffusion . *Journal of International Trade and Economic Development,* 2005 (14): 115~135.

了从执法层面对不同国家知识产权保护水平的评价价值取向，且从指数数值方面增强了可比性。但是与后者相同，GP知识产权保护水平评价指数法仍然不能准确反映不同国家在知识产权实际执法层面的状况。在评价知识产权执法制度较为健全的西方发达国家，采用静态的GP知识产权保护水平评价指数甚至RR知识产权保护水平评价指数评估知识产权保护水平的结果与实际的知识产权保护水平可能不会出现明显偏差，而对于知识产权执法制度和执法体系不太健全的发展中国家而言，由于其司法制度不够健全，立法与相关的知识产权配套执法制度和体制并不一致，从而使得运用这些知识产权保护水平评价方法获得的评估结果与实际进行知识产权执法时产生的执法效果出现明显差异。因此，采用GP知识产权保护水平评价指数法得到的知识产权保护水平评价结果与实际的知识产权保护水平之间仍有较大差距。直接采用GP知识产权保护水平评价法评价类似于中国的一些发展中国家的知识产权保护水平会与实际情况出现较大偏差，评价结论有待矫正。

另外，塞尤姆(Seyoum)对知识产权保护水平的评价也使用美国商会主张的知识产权保护最低标准。其利用专家调查法将知识产权保护因子按0~3的等级进行划分，

并设定了专利、版权、商业秘密和商标四个指标变量。❶
谢伍德结合个人经验和专家调查提出了第三种评价知识
产权保护水平的方法，将18个国家的知识产权保护水平
得分范围设置为0~103，主要评价因子包括执法力度指
标、行政管理指标、实体法指标（包括专利、版权、商
标、商业秘密、植物新品种）、国际条约指标和公共义
务(public commitment)指标。其评价条件来自美国商会发
布的相关评价指南，但相关权重和每个国家的得分，是
参考专家调查后依据个人经验判断得出的。这些指标的
分值具体分配如下：

　　知识产权执法力度（25分）；

　　知识产权行政管理（10分）；

　　版权（12分）；

　　专利（17分）；

　　商标（9分）；

　　商业秘密（15分）；

　　生命形式（6分）；

　　国际条约（6分）；

　　一般公共义务（3分）。

　　每个国家的知识产权保护水平评价结论得分都是在

---

❶　Seyoum，Belay. The impact of intellectual property rights on foreign direct investment. *Columbia Journal of World Business*，1996,l31:51-59.

这个国家进行相关调查获得的结论。与侧重于专利保护水平建立指标体系评估知识产权保护水平的方法相比，谢伍德的评价方法扩大了知识产权保护体系的范围，试图将知识产权涵盖的所有客体纳入其知识产权保护评价体系中。不过，这个包括所有知识产权客体的指标体系的评价方法具有一定的任意性。首先，数据是以作者的问卷调查为基础的，其再现性必然是有限的。由于采用的是定点访谈的方法，这种测度方法随时间和国家的再现性是有限的；其次，因为很大程度上以其经验为基础，这会比预期的更为主观。例如，在考虑分配给司法独立性多少分值时，就没有一个司法独立性构成的评价标准，如果以个人感觉为基础进行评价，就无法确定差异等一系列问题。❶

另外，罗伯特(Robert L.)、奥斯特盖达(Ostergard J. R.)利用内容分析的方法评价各国的知识产权保护力度，强调进行知识产权保护的量化评价时，要考虑法律和法律的执行两个因素。❷

4. HL指标

我国学者韩玉雄和李怀祖认为，法律条款再完备，

---

❶ Sherwood R. M. Intellectual Property Systems and Investment Stimulation：The Rating or Systems in Eighteen Developing Countries IDEA. *The Journal of Law and Technology*，1997，37(2):261-370.

❷ Robert, L., Ostergard, J. R. The measurement of intellectual property rights protection . *Journal of International Business Studies*，2000, 31(2): 349.

若不能得到有效的执行，实际的保护效果就会大打折扣。1992年以后，中国对知识产权保护的相关法律做了全面的修订，知识产权的保护标准基本上与国际标准接轨。但是，由于中国的法律体系本身还不够完备，立法与司法之间还没有同步，加上人们对知识产权保护的意识不可能在朝夕之间得到强化，实际的知识产权保护还停留在较低的水平。❶可见，要正确度量转型期国家知识产权保护的实际水平，就必须对GP方法进行修正。

韩玉雄和李怀祖将"执法力度"定义为影响知识产权保护实际执行效果的变量，其值介于0到1之间，0表示法律规定的知识产权保护条款完全没有执行，1表示法律规定的知识产权保护条款被全部执行。设F(t)表示一个国家在t时刻的执法力度，PG(t)表示t时刻GP方法计算出的知识产权保护水平，那么，修正后的知识产权保护水平PA(t)可表示为：

$$PA(t) = F(t)*PG(t) \tag{1}$$

考察式(1)，执法力度F(t)的含义更加清晰直观。由于PG(t)表示法律规定的保护水平，F(t)自然就表示法律规定的保护水平被实际执行的比例。

韩玉雄和李怀祖把影响执法力度的因素归纳为四个

---

❶　曲三强："被动立法的百年轮回：谈中国知识产权保护的发展历程"，载《中外法学》1999年第2期，第12页。

方面（见表3-2）：（1）社会法制化程度；（2）法律体系的完备程度；（3）经济发展水平；（4）国际监督与制衡机制。其他环境因素可通过上述指标间接反映，如社会诚信状况可用"法律体系的完备程度"反映。法律体系越完善，理性人失信的机会成本越高，社会诚信度就越高。

表3-2　评价知识产权执法力度F(t)的二级指标体系

执法力度F(t)的二级指标	衡量的代理变量
社会法制化程度	律师人数占总人口的比例
法律体系的完备程度	立法时间
经济发展水平	人均GDP
国际监督与制衡机制	WTO成员方资格

（1）社会的法制化程度及其度量。社会法制化程度是反映社会文化、社会法制水平和社会文明程度的重要方面之一。生活在不同社会文化的人群的思维习惯、行为规范具有较大差异。在具有完善法制水平的社会中，人们的绝大多数行为完全以法律为准绳，即人们的法律意识很强，而且法律条款可以被人们自觉遵守；相反，在一个完全德治的社会中，人们的行为主要受社会道德约束，法律的作用可能被淡化。可见，社会的法制化程度，尤其是人们的知识产权意识水平是直接影响知识产权执法力度的重要因素之一。

社会法制化程度的度量是定量方法评价知识产权保

护水平的措施之一，不同的评价方法或不同的指标体系对社会法制化程度的度量不同。律师人数占总人口的比例通常是衡量一个国家法制化程度的重要指标。在英美等西方法制较为健全的发达国家，律师人数占总人口的比例超过千分之一，其他工业化国家也都超过了万分之五。一般认为，当一个国家的律师人数达到总人口的万分之五时，这个国家的法制化程度已到了较高水平。学者们将"律师比例"作为社会法制化程度的评价指标，当律师人数占总人口的比例达到或超过万分之五时，"律师比例"的分值为1，当律师人数占总人口的比例小于万分之五时，"律师比例"的分值等于实际的比例除以万分之五。

（2）法律体系的完备程度及其度量。现有法律对知识产权保护的主体和客体规定较多，对知识产权侵权判决的执法措施规定得不够详细。如果国家法律体系不够完善，对同一侵权行为的判决可能出现不同的司法解释或者执法可能，那么知识产权执法工作就必然出现歧义甚至无法执行。可见，国家法律体系的完善程度对知识产权保护的执法力度具有重要影响。

为了更好地评价知识产权执法力度，对国家法律体系的完善水平进行量化显得非常重要。一般而言，知识产权法律制度建立时间越长，相关法律体系也就越完善，相应的执法实践经验就越丰富，所以学者们运用

"立法时间"指标评价国家法律体系的完善水平。假设一个国家知识产权法律体系的完善需要100年时间，当知识产权法律制度建立时间达到或超过100年时，"立法时间"的分值为1，当立法时间少于100年时，"立法时间"的分值等于实际立法时间除以100。

（3）经济发展水平及其度量。拉普和罗塞克的研究成果显示，国家经济发展水平与其知识产权保护水平呈正相关关系。[1]该结论可以从两个方面解释：①是任何国家都会尽量把知识产权执法水平保持在与其经济发展水平相适应的范围之内；②国民的知识产权法制意识与该国经济发展水平紧密相关。一个还没有解决其国民温饱问题的政府不可能把知识产权保护放在较高的地位。可见，当一个国家处在较低的经济发展水平时，知识产权保护的执法力度必然也是低水平的。

韩玉雄和李怀祖将"人均GDP"作为一国经济发展水平的评价指标。当人均GDP达到或超过1 000美元时，"人均GDP"的分值为1，当人均GDP小于1 000美元时，"人均GDP"的分值等于实际人均GDP美元除以1 000。

（4）国际监督与制衡机制及其度量。知识产权保护不仅是国内立法问题，更是国际贸易公平问题。GATT和

---

[1]　Rapp, R. T., Rozek R. P. Benefits and costs of intellectual property protection in developing countries . *Journal of World Trade*, 1990, 24: 75~102.

WTO等目的都在于维护成员国公平贸易秩序。TRIPs协议明确规定了知识产权的保护范围、保护最低要求及争端解决机制。❶❷WTO成员方必须履行知识产权保护的相关义务。WTO的争端解决机制是监督成员知识产权保护执法力度的重要手段，成员方知识产权执法力度的偏差都能在WTO争端解决机制中得到有效调整。

韩玉雄和李怀祖把"WTO成员方"作为对国际监督与制衡机制的评价指标，若国家是WTO成员方，则"WTO成员方"的分值为1，否则为0。❸

该评价方法在引入"执法力度"因子的基础上完善了原来GP知识产权保护评价方法对于国内法律环境考虑的缺失，进一步推进了知识产权保护水平的评价问题。

5. XS指标

我国学者许春明和单晓光认为，知识产权保护水平指标应是知识产权立法强度指标与执法强度指标的综合。知识产权保护水平指标体系的具体构成如图3-2所示。

---

❶　Blakeney, M. *Trade Related Aspects of Intellectual Property Rights: A Concise Guide to the TRIPs Agreement.* London: Sweet & Maxwell Limited, 1996.

❷　WIPO. *WIPO Intellectual Property Handbook: Policy, Law and Use.* Geneva: WIPO Publication, 2001.

❸　韩玉雄、李怀祖："关于中国知识产权保护水平的定量分析"，载《科学学研究》2005年第3期，第377~382页。

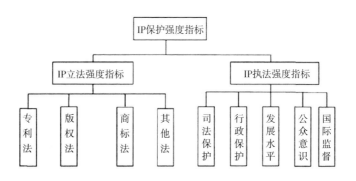

图3-2　知识产权保护水平指标体系构成

（1）立法强度指标。知识产权立法强度评价理论上应该包括对专利法、版权法、商标法、商业秘密法以及集成电路布图设计、植物新品种等其他知识产权客体的保护水平，全面反映国家知识产权保护立法强度。但鉴于知识产权对经济发展的作用的复杂性，相关学者多以专利法律制度的立法强度替代知识产权法律制度的立法强度。

（2）执法强度指标。知识产权执法强度主要由国家的社会文化环境、司法制度环境、社会诚信体系以及社会发展现状等内外部环境因素决定，当然，国际监督与制约机制也是强化执法强度的重要保证。❶所以决定知识产权执法强度的因素主要包括司法保护水平、行政保护

---

❶　韩玉雄、李怀祖："关于中国知识产权保护水平的定量分析"，载《科学学研究》2005年第3期，第377~382页。

水平、经济发展水平、社会公众意识以及国际监督。

许春明和单晓光两位学者认为，对于地区差异不大的国家而言，该国的知识产权保护水平在各地区应该无太大差异。然而，中国作为一个地区发展差异悬殊的国家，各个地区间的知识产权保护水平显然是有一定差异的，其原因在于各地区对全国统一的知识产权立法的执法力度在客观上存在很大差距。在假定各个地区的知识产权立法强度为统一值的基础上，根据我国各地区执法强度的不同，采用与HL近似的方法，以2004年为时点计算出我国各个地区知识产权保护水平呈现"东高西低"的趋势。❶

6. 其他指标

（1）GYL指标。耿文龙、叶春明和陆静建立了区域专利保护评价体系。❷具体包括3个一级指标和6个二级指标，建立区域专利保护水平评价体系。

①专利权人保护类指标。此类指标主要表征专利权人权利保护意识及其申请或者获得专利的情况，用专利申请量和授权量子指标表示：第一，专利申请量，即用相同时间单位（年）的发明、实用新型和外观设计三

---

❶　许春明、单晓光："中国知识产权保护强度指标体系的构建及验证"，载《科学学研究》2008年第4期，第715~723页。

❷　耿文龙、叶春明、陆静："基于主成分分析的我国区域专利保护水平评价研究"，载《科技进步与对策》2011年第11期，第120~122页。

类专利的申请数量，表征专利权人对其技术进行专利保护的意识和水平；第二，专利授权量，即用相同时间单位（年）发明、实用新型和外观设计三类专利的授权数量，表示专利权人获得专利授权的能力。

②专利社会保护类指标。此类指标主要表征专利受社会保护程度情况，主要用专利代理机构数量和专利代理人数量两个子指标表示：❶第一，专利代理机构数量包括知识产权事务所、专利代理公司等的数量，表示专利中介服务机构力量；第二，专利代理人数量是指通过国家资格认证，持有专利代理人执业证并在区域内的专利代理机构任职的，专职从事专利代理工作的人员数量。

③专利执法保护类指标。此类指标主要表征专利受行政执法机关保护情况，主要用专利侵权纠纷案件受理量和结案量两个子指标表示：第一，专利侵权纠纷案件受理量是指相同单位时间（年）专利侵权纠纷案件的受理量，表示专利行政执法机关对于专利保护的重视程度；第二，专利侵权纠纷结案量是指相同单位时间（年）专利侵权纠纷案件结案数量，表示专利行政执法机关专利侵权执法力度和效率。

---

❶ 杨中楷、柴玥："我国专利保护水平指标体系构建与评价"，载《中国科技论坛》2005年第2期，第76~79页。

（2）YR指标。姚利民和饶艳引入知识产权"执行效果"，从社会法制化程度、政府的执法态度、相关服务机构配备、社会知识产权保护意识等方面去修正吉纳特和帕克的评价方法，以此评价中国各个地区的知识产权保护水平。❶知识产权"执行效果"的具体度量从以下四个方面来考察。

①社会的法制化程度及其度量。社会的法制化程度是影响知识产权法落实效果的重要因素。与韩玉雄和李怀组方法相同，用"律师比例"作为度量社会法制化程度的指标。

②政府的执法态度及其度量。政府的执法态度是一国的知识产权立法是否能落实的关键因素。国外也有很多学者将政府的执法态度作为知识产权保护水平的度量标准。一般来讲知识产权案件的结案率是政府的知识产权办案能力和办案效率的评价指标之一。

③相关服务机构配备及其度量。曼斯菲尔德（1994）通过对美国100家跨国公司的调查发现，对于一国的知识产权保护，跨国公司除了关心法律是否健全，政府是否严格执法以外，还非常强调该国是否配备了足够多的知识产权社会服务机构，比如知识产权律师、专

---

❶　姚利民、饶艳："中国知识产权保护地区差异与技术引进的实证研究"，载《科学学研究》2009年第8期，第1177~1184页。

利代理机构等。一个国家是否拥有高水平的与知识产权保护配套的社会服务机构，对该国知识产权保护水平具有重要影响。知识产权相关事务的律所占比可以用来评价社会服务机构的配备状况。

④社会知识产权保护意识及其度量。知识产权的公共物品性质使得其比较容易被侵权。如果一个国家没有形成尊重他人知识产权的良好氛围，公众的知识产权意识薄弱，就无法提高知识产权保护水平，所以提高公众的知识产权保护意识就成为提高知识产权保护水平的重要措施之一。学者们运用"人均专利申请量"作为知识产权保护意识的评价指标。

另外，杨中楷和柴玥在吉纳特和帕克方法的基础上加入法律条文制定与执行指标来测算专利权保护水平。❶宋河发从专利保护过程出发构建专利保护程度评价体系，包括专利立法保护程度子指标、专利审批保护程度子指标、专利司法保护程度子指标、专利行政执法保护程度子指标、专利社会保护程度子指标。❷沈国兵和刘佳对HL方法中所采用的具体指标（万分之五律师比例标准、人均GDP标准等）又进行了进一步修正，从中国经

---

❶ 杨中楷、柴玥："我国专利保护水平指标体系构建与评价"，载《中国科技论坛》2005年第2期，第76~79页。

❷ 宋河发："专利保护程度评价体系与中美保护程度比较"，载《科学学研究》2007年第4期，第646~653页。

济发展水平、法治水平和知识产权执法水平三个方面对基于GP方法、HL方法测算的中国知识产权保护水平进行重新测算，得出了更接近中国实际的知识产权保护力度数据。❶

（3）W指标。王九云基于如下10个指标设置了知识产权保护层位评价体系：❷

①技术创新投入指标。技术创新投入包括人财物的投入，技术创新投入比例越大，投入增长速度越快，说明知识产权保护状况越好。

②技术创新成果形成指标。技术创新成果的形成是企业取得自主知识产权的源泉。技术创新成功率越高，增长率越大，说明知识产权保护水平越高。

③技术创新成果被确认为知识产权指标。技术创新成果要想以知识产权形式得以保护，必须首先按法定程序被确认为知识产权。技术创新成果被确认为知识产权的比例越大，增长速度越快，说明社会主体对知识产权保护的重视程度越大，保护状况也就越好。❸

④知识产权意识倾向指标。知识产权意识倾向是社

❶　沈国兵、刘佳："中国知识产权保护名义水平及实际强度"，见《上海市社会科学界第六届学术年会论文集（经济·管理学科卷）》2008年版。

❷　王九云："论知识产权保护层位的科学评价"，载《中国软科学》2000年第11期，第61~64页。

❸　郭庆存："企业技术创新与专利战略"，载《知识产权》1999年第4期，第30~32页。

会主体对知识产权保护所持的态度。该态度影响知识产权保护的行为，也影响知识产权保护的效果。社会主体所持态度越好，保护知识产权的积极性越高，知识产权保护层位也就越高，同时也越有利于形成良好的知识产权保护环境。

⑤知识产权的规范指标。此项指标包括各种政策、法律、法规、制度的制定、修改、补充的情况，规范所涉及的范围以及规范的实施情况。

⑥知识产权管理保护机构指标。知识产权管理保护机构是直接管理和保护知识产权的组织，主要包括不同类型知识产权的行政管理部门（如知识产权局、商标局、专利局等）、司法机关、仲裁机构、中介组织以及企业等社会主体内部的知识产权保护部门等。

⑦知识产权的利用指标。知识产权被充分有效利用是知识产权保护的直接目的，是衡量有关社会主体知识产权保护层位的一项关键指标。

⑧知识产权贸易指标。知识产权贸易包括知识产权的国内贸易与国际贸易，是不同类型创新主体（主要指企业、高等学校、科研机构）的技术创新能力和知识产权保护能力的评价指标之一。

⑨知识产权对经济发展的贡献指标。促进社会经济发展是知识产权保护的最终目的，也是检验知识产权保护效果的一个重要标准，所以该指标对评价知识产权保

护水平尤为重要。

　　⑩知识产权纠纷案件发生结案指标。该指标反映不同社会主体保护知识产权的能力。有关社会主体知识产权纠纷案件的发生率和知识产权纠纷案件的结案率越高，结案（包括审判和执行）速度越快，说明该主体保护知识产权的能力越强，知识产权保护水平越高。

　　（4）LY指标。李伟和余翔借鉴GP知识产权保护水平评价指标，并整合了知识产权执法保护强度的指标，形成了新的知识产权立法保护强度指标体系（见表3-3）。❶

表3-3　知识产权立法保护强度

覆盖范围	国际条约成员	权利丧失的救济	执法措施	保护期限
药品	巴黎公约	实施要求	诉前禁令	发明专利(x/20)
化学品	专利合作条约	强制许可	连带责任	
食品	植物新品种保护公约	专利撤销	举证责任倒置	
动植物品种	布达佩斯条约			
医疗器械	TRIPs协议			

---

❶ 李伟、余翔："中国知识产权保护强度及其评价——以加入TRIPs协议为中心"，载《科研管理》2013年第6期，第138~146页。

覆盖范围	国际条约成员	权利丧失的救济	执法措施	保护期限
微生物沉淀物				
实用新型				
软件				

四、重庆市知识产权保护评价指标体系

中国经济发展的地区不平衡性决定了知识产权保护水平的地区差异。有学者利用中国省市数据实证分析发现，知识产权保护水平的提高有利于促进中国对国外先进技术的引进。使用门槛回归技术进一步揭示人均GDP、市场开放度和研发投入强度等变量存在门槛条件，这些变量的门槛区间决定着知识产权保护促进各地区技术引进的效果差异，而且在发达开放地区的作用要显著大于落后地区。可见，中国知识产权保护水平的地区差异具有客观性。❶ 近年来，重庆市经济发展、市场开放度和研发投入都有了很大发展。更为重要的是，重庆市强化了知识产权保护活动，为了准确评价重庆市知识产权保护活动的绩效，本部分根据《重庆市人民政府关于创建知识产权保护模范城市的意见》（以下简称《创模意见》）的相关要求为指标设置依据，依托本书前述知识产权保护的经济理论、知识产权保护水平评价指标基本问题等理论研究成果，从知识产权保护措施、保护环境和保护效果三

---

❶　姚利民、饶艳："中国知识产权保护地区差异与技术引进的实证研究"，载《科学学研究》2009年第8期，第1177~1184页。

个环节❶构建重庆市知识产权保护评价指标体系。为准确评价"建立促进发展的知识产权保护新体系，构建激励创新的知识产权保护新机制，营造安商助商的知识产权保护新环境，使重庆成为创新活力强劲、运用成效显著、保护水平一流、管理体系高效的知识产权保护模范城市"的目标是否实现提供参考。

（一）知识产权的保护措施指标体系

1. 指标设计依据

该指标体系以《创模意见》提出的下列知识产权保护目标为依据：地方性知识产权法规规章完善；知识产权保护的行政和司法队伍健全，行政执法行为规范有效，惩治侵犯知识产权犯罪行为，审判和执行力度不断加大；全市专利、商标、版权行政执法案件年结案率达95%以上，司法案件年法定结案率达100%，知识产权维权举报投诉答复办理率达100%；盗版、假冒等侵权行为得到有效遏制，维权成本明显下降。全社会特别是市场主体的知识产权意识普遍增强，形成良好的尊重和保护知识产权的文化氛围。

2. 指标体系框架

根据指标设计依据和实际情况，建议设置的重庆市

---

❶ 本专题首次提出从保护措施、保护环境和保护效果三个环节评价知识产权保护水平的观点，请大家指正或讨论。

知识产权保护措施评价指标体系如表3-4所示。

表3-4　重庆市知识产权的保护措施指标体系

一级指标	二级指标	三级指标	四级指标
保护措施	地方立法和政策	地方性法规规章	知识产权保护的地方特色是否突出
			与国际条约及我国相关法律是否相符
			知识产权地方法规和规章制定或修改数是否明显增加
			针对知识产权滥用行为是否有合理的规制
		地方性专门法规、规章及政策	是否有专门保护遗传资源的地方性法规、规章或政策
			是否有专门保护传统知识的地方性法规、规章或政策
			是否有专门保护民间文艺的地方性法规、规章或政策
			是否有专门保护地理标志的地方性法规、规章或政策
		地方法规规章衔接与协调	地方性知识产权法规规章是否协调
			地方性知识产权法规规章与政策是否衔接
			地方性知识产权法规规章与科技、贸易等政策是否衔接
			是否有规制知识产权滥用的地方知识产权法规规章
	执法绩效和能力	执法绩效	知识产权司法案件年受案数
			知识产权司法案件年结案率
			知识产权行政机关案件年受案数
			知识产权行政机关案件年结案率
			知识产权维权举报投诉数
			知识产权维权举报投诉答复办理率
			知识产权执行案件的年强制执行数
			知识产权执行案件的年强制执行率
			知识产权刑事案件数
		执法效果	计算机软件盗版率
			音像制品盗版率
			专利侵权行为发生率
			商标侵权行为发生率
		执法能力	知识产权执法人数
			知识产权执法经费
			知识产权执法体系

（二）知识产权保护环境指标体系

1. 指标设计依据

该指标体系以《创模意见》提出的下列目标为主要依据：加强知识产权保护体制机制创新，逐步建立健全知识产权管理体系，在企业、高等院校、科研院所逐步设立知识产权管理机构。建立和完善与经济发展相联系的知识产权核算指标体系，完善知识产权公共服务平台，建立知识产权保护预警应急机制。

2. 指标体系框架

根据指标设计依据和实际情况，建议设置的重庆市知识产权保护环境评价指标体系如表3-5所示。

表3-5　重庆市知识产权的保护环境指标体系

一级指标	二级指标	三级指标	四级指标
保护环境	管理环境	政策制度和机构	知识产权政策研究软科学项目数
			企业建立知识产权管理制度（机构）率
			高校建立知识产权管理制度（机构）率
			科研院所建立知识产权管理制度（机构）率
		试点示范	知识产权试点和示范企业数
			知识产权试点和示范园区数
	人力资源环境	培养机构	知识产权学院和科研机构数
			知识产权专业和硕士、博士点数
			各级知识产权培训基地数

续表

一级指标	二级指标	三级指标	四级指标
保护环境	人力资源环境	师资力量	知识产权专业高级职称人数
			知识产权专业中级职称人数
		从业人员	专利代理人数
			商标代理人数
			知识产权律师数
			知识产权评估师数
			知识产权司法鉴定人数
	服务环境	中介机构	专利事务所数
			商标事务所数
			知识产权评估机构数
			知识产权司法鉴定机构数
		信息服务	专利商标检索与服务平台数
			知识产权信息情报分析报告数
			是否建立知识产权预警应急机制
			指导利用知识产权信息的讲座数

（三）知识产权保护效果指标体系

1. 指标设计的依据

《创模意见》就知识产权保护效果提出的目标为：创新活力强劲；运用成效显著。全市专利授权量年均增长25%以上，人口专利密度、GDP专利密度、境外专利申请量保持西部地区领先，进入全国前列。全市注册商标、著名商标、驰名商标分别达到5万件以上、500件以上和50件以上，着力打造"西部品牌之都"。版权引进和输出数量年均分别增长6%和4%，作品著作权登记量居西部地区前列，计算机软件著作权登记量保持西部地区领先。企业年度专利授权量、企业有效专利数、企业有效专利占全市有效专利比重保持西部地区领先，进入全国前列。规模以上工业企业具有自主知识产权产品产值占工业总产值的比重逐年提高。形成一批拥有知名品牌和核心知识产权、熟练运用知识产权制度的优势企业。

2. 指标体系框架

根据指标设计依据和实际情况，建议设置的重庆市知识产权保护效果评价指标体系如表3-6所示。

表3-6　重庆市知识产权的保护效果指标体系

一级指标	二级指标	三级指标	四级指标
保护效果	创造效果	专利产出	国内专利申请量
			国内发明专利申请量
			国际专利（PCT）申请量
			每百万人口国内专利年申请量
			每百万元研发经费国内专利申请量
			每百万元国民生产总值国内专利申请量
			专利授权量
			发明专利授权量
			专利授权率
			发明专利授权率
			每百万人口国内专利年授权量
			每百万元研发经费国内专利授权量

续表

一级指标	二级指标	三级指标	四级指标
保护效果	创造效果	专利产出	每百万元国民生产总值国内专利授权量
			重要领域发明专利授权量
			国内权利人重要领域发明专利授权占有率
			授权发明专利存活率
		商标产出	国内商标注册量
			国外商标注册量
			国家驰名商标拥有量
			国际知名品牌拥有量
			著名商标拥有量
		著作权及其他知识产权产出	普通作品著作权登记数
			计算机软件著作权登记数
			地理标志数
			植物新品种数
	运用效果	运营效果	企业专利实施量（率）
			专利转让合同数（金额）
			商标转让合同数（金额）
			知识产权质押量（金额）
		运用效益	专利产品增加值
			专利产品增加值占GDP的比重
			驰名商标产品增加值
			版权产业产值
			软件产业产值
			知识产权产值占GNP的比重

（四）知识产权保护指标体系整体框架

考虑到重庆市知识产权保护水平评价的适用条件和评价需求，本报告将评价指标体系分成指标体系整体框架（简化）（见表3-7）两个体系，供不同情况适用。

表3-7　重庆市知识产权保护水平评价指标体系（简化）

一级指标	二级指标	三级指标
保护措施	地方立法	知识产权地方法规规章制定或修改数
		特殊知识产权保护地方性法规、规章或政策数
		知识产权法规规章与科技贸易等政策是否衔接
	执法效能	知识产权司法案件年结案率
		知识产权行政机关案件年结案率
		知识产权维权举报投诉答复办理率
		海关知识产权案件结案率
		知识产权刑事案件数
		知识产权专项行动或联合执法数
	执法效果	计算机软件盗版率
		专利侵权行为发生率
		商标侵权行为发生率
	执法司法体系	知识产权司法体系是否完善
		知识产权行政执法体系是否完善
		司法保护和行政保护是否协调
保护环境	管理环境	企业建立知识产权管理制度（机构）率
		知识产权示范企业数
		知识产权示范园区数
		区县知识产权管理机构设置数
	人力资源环境	知识产权学院数/知识产权科研机构数
		知识产权专业及硕博士点数
		各级知识产权培训基地数
	服务环境	专利事务所数
		知识产权评估机构数
		知识产权司法鉴定机构数
		专利商标检索与服务平台数
		是否建立知识产权预警应急机制

续表

一级指标	二级指标	三级指标
保护效果	创造效果	每百万人口国际专利（PCT）申请量 每百万人口国内专利年申请量 每百万元研发经费国内专利申请量 每百万元国民生产总值国内专利申请量 每百万人口国内专利年授权量 每百万元研发经费国内专利授权量 每百万元国民生产总值国内专利授权量 商标注册量 驰名商标拥有量 著名商标拥有量 计算机软件著作权登记数 地理标志数 企业专利实施量 专利转让合同数 商标转让合同数 专利权质押量
	运用效果	专利产品产值 商标产品产值 版权产业产值 知识产权产值占GNP的比重 规模以上工业企业专利产品产值

主要参考文献

1 Allred, B. B., Park, W. G. The influence of patent rights on firm innovation investment in manufacturing industries. Journal of International Management, 2007,13(2) :91~109

2 Arrow, K. J. Economic Welfare and the Allocation of Resource for Inventions. In R.R.Nelson. The Rate and Direction of Invention Activity. Princeton: Princeton University Press, 1962:609~626

3 Barro R. J., X. SalaI Martin. Technological diffusion, convergence, and growth. Journal of Economic Growth, 1997, (2): 1~27

4 Barzel, Y. Optimal Timing of Innovations. Review of Economics and Statistics, 1968, (8): 348~355

5 Bessen, J, Maskin, E. Sequential innovation, patents, and imitation. The RAND Journal of Economics, 2009, 40(4): 611~635

6 Blakeney, M. Trade Related Aspects of Intellectual Property Rights: A Concise Guide to the TRIPs

Agreement. London: Sweet & Maxwell Limited, 1996

7　Bosworth, D. L. The transfer of U.S. technology abroad. Research Policy, 1980, 9 :378~388

8　Braga, Primo C.A. and Frink, Carsten and Sepulveda, C.P.. Intellectual Property Rights and Economic Development. World BankWorking Paper, 2000

9　Braga, C. P., Fink, C., Sepulveda, C. P. Intellectual property rights and economic developmen. Washington: World Bank Discussion Papers (No. 412), 2000

10　Cary Dushnitsky J. Lenox. When do incumbents learn from entrepreneurial ventures? Corporate venture capital and investing firm innovation rates. Research Policy, 2005,34(5):615~639

11　Caves Crookel, Kilings. The Imperfect Market for Technology Licensing. Oxford Bulletin of Economy and Statistics, 1993, (45):249~276

12　Chen Y., Puttitanun T. Intellectual property rights and innovation in developing countries. Journal of Development Economics, 2005, 78(2): 474~493

13　Chin. Judith C. and Gene M. Grossman, Intellectual Property Rights and North-South Trade.in: Ronald W. Jones and Anne O. Krneger.eds: Essays in Honor of

Robert E. Bladwin. Blacwell, Cambridge, M. A., 1990

14 Dasgupta, P., J. Stiglitz. Industrial Structure and the Nature of Innovative Activity. Economic Journal 1980, 90, 358: 226~293

15 Deardorff, A. V. Welfare effects of global patent protection. Economical, 1992, 59(23): 35~51

16 Deborah F. Boice, Brian H. Kleiner. Developing an effective system for performance appraisal. Work Study, 1997, 197~201

17 Edward Kahn, Patent Mining in a Changing World of Technology and Product Development, Intellectual Assets Management, July/ August,2003

18 Ferrantino, M. J. The effect of intellectual Property rights on international trade and investment. Journal of Economies Perspectives，1993,129:300~331

19 Fink, C, Braga, C. A. P. How Stronger Protection of Intellectual Property Rights Affects International Trade Flows. C. Fink and K. E. Maskus (eds.), Intellectual Property and Development: Lessons from Recent Economic Research. Washington, D. C.: The World Bank/ Oxford University Press, 2005

20 Gallini, N. and R.Winter. Licensing in the Theory of Innovation. Rand Journal of Economics, 1985, 16(2):

237~252

21 Gilbert, R. J. and D. Newbery. Pre-emptive Patenting and the Persistence of Monopoly. American Economic Review, 1982, 72(3): 514~526

22 Ginarte J. C., Park W. G.. Determinants of patent rights: Across-national study. Research Policy, 1997, 26 (3):283~301

23 Glass, A, Saggi, K. Intellectual property rights and foreign direct investment. Journal of International Economics, 2002, 56: 387~410

24 Gould, D. M., Gruben. W. C. The role of intellectual property rights in economic growth. Journal of Economics Development, 1996, 48(2): 323~350

25 Helpman E. Innovation, imitation and intellectual property rights. Econometrica, 1993, 61: 1247~1280

26 Katzm, M. and Shapiro. On the Licensing of Innovations. Rand Journal of Economics, 1987,16 (4):504~520

27 Ken S.Cavalluzzo, Christopher D.Ittner. Implementing performance measurement innovations: evidence from government. Accounting, Organization and Society, 2004, (29): 243~267

28 Klemperer, P. How broad should the scope of patent

protection be?. RAND Journal of Economics, 1990, 21(1):113~130

29 Lai E. International intellectual property rights protection and rate of product innovation. Journal of Development Economics, 1998, 55: 133~153

30 Lerner J. The economics of technology and innovation: 150 years of patent protection. American Economic Review, 2002, 92(2): 221~225

31 Mansfield, E. Intellectual property protection, foreign direct investment and technology transfer. Working Paper 19 (world Bank), 1994

32 Mansfield, E. Intellectual property protection, direct investment and technology transfer: Germany, Japan and the United States. Discussion Paper. World Bank: International Finance Corporation, 1995

33 Maskus, K. E. Intellectual property rights in the global economy. Washington. D. C.: Institute for International Economics, 2000

34 Merges, R. P., Nelson. R. R. On the complex economics of patent scope. Columbia Law Review, 1990, 90(4): 839~916

35 Nordhaus, W. D. Invention, growth, and welfare: A theoretical treatment of technological change.

Cambridge: MIT Press, 1969

36　Pamela J. Smith. Are weak patent rights a barrier to U.S. exports?. Journal of International Economics. 1999,(48):151~177

37　Parello, C. P. A North-South model of intellectual property rights protection and skill accumulation. Journal of Development Economics, 2008, 85(1/2): 253~281

38　Paul J. Heald. A skeptical look at Mansfield's famous 1994 survey. Information Economics and Policy, 2004, (16):57~65

39　Peter O'Brien. Developing countries and the patent system: An economic appraisal. World Development, 1974, (2): 27~36

40　Rapp, R, Rozek. R. Benefits and costs of intellectual property protection in developing countries. Journal of World Trade, 1990, 75/77: 75~102

41　Rapp, R. T., Rozek R. P. Benefits and costs of intellectual property protection in developing countries. Journal of World Trade, 1990, 24: 75~102

42　Robert L. Jr. Ostergard. The measurement of intellectual property rights protection. Journal of International Business Studies, 2000, Vol. 31

43 Robert, L., Ostergard, J. R. The measurement of intellectual property rights protection. Journal of International Business Studies, 2000, 31(2): 349

44 Rod Falvey, Neil Foster. David Greenaway, Intellectual Property Rights and Economic Growth. January2004. http: //www. nottingham. ac.uk/economics/ leverhulme/ research_ papers /04_12. pd

45 Scherer, F. M. Nordhaus. theory of optimal patent life: A geometric reinterpretation. American Economic Review, 1972, 62(3): 422~427

46 Schumpeter J. Capitalism, Socialism and Democracy. 3rd ed. New York: Harper and Row, 1950

47 Seyoum, Belay. The impact of intellectual property rights on foreign direct investment. Columbia Journal of World Business, 1996,l31:51~59

48 Sherwood R. M. Intellectual Property Systems and Investment Stimulation: The Rating or Systems in Eighteen Developing Countries IDEA. The Journal of Law and Technology, 1997, 37(2):261~370

49 Smarzynska B. The composition of foreign direct investment and protection of intellectual property rights: evidence from transition economies. European Economic Review, 2004, (48): 39~62

50 Smith G.V., Parr R.L., Valuation of intellectual property and intangible asset. John Wiley & Sons Inc., New York, 1989

51 Thompson, M., Rushing, F. An empirical analysis of the impact of patent protection on economic growth: An extension. Journal of Economic Development, 1999, 24(1): 67~76

52 WIPO. WIPO Intellectual Property Handbook: Policy, Law and Use. Geneva: WIPO Publication, 2001

53 Xu B., Ch iang E. P. Trade, patents and international technology diffusion. Journal of International Trade and Economic Development, 2005, (14): 115~135

54 Yang G., Maskus K. E. Intellectual property rights and licensing: an econometric investigation. Weltw irtschaftliches Arch iv, 2001, 137: 58~79

55 Yum K., Kwan, Edwin L. C. Lai. Intellectual property rights protection and endogenous economic growth. Journal of Economic Dynamics & Control, 2003, (27):853~873

56 Zhan, Y., Zhu, X. Intellectual property right abuses in the patent licensing of technology standards from developed countries to developing countries: A study of some typical cases from China. The Journal of World

Intellectual Property, 2007, 10 (3/4): 187~200

57　包海波. 日本企业的知识产权战略管理. 科技与经济, 2004（2）：41~45

58　蔡玲. 发展中国家技术赶超最优路径探析：基于知识产权保护和企业危机意识的视角. 经济评论, 2009（3）：108~114

59　操秀英，何建昆. 战略性新兴产业知识产权研究等待破题. 科技日报, 2011-04-21

60　耿文龙，叶春明，陆静. 基于主成分分析的我国区域专利保护水平评价研究. 科技进步与对策, 2011（11）：120~122

61　顾金亮. 国家科技计划知识产权管理的中美比较. 中国软科学, 2004（4）：12~17

62　郭庆存. 企业技术创新与专利战略. 知识产权, 1999（4）：30~32

63　韩永进. 城市创新经济结构体选择战略性新兴产业路线图研究. 2010年度京津冀区域协作论坛论文集, 295~302

64　韩玉雄，李怀祖. 关于中国知识产权保护水平的定量分析. 科学学研究, 2005（3）：377~382

65　洪勇，吴勇. 发展中国家知识产权保护程度相对评价方法研究. 科学学与科学技术管理, 2011（2）：37~45

66 华鹰．论技术创新与知识产权保护．重庆工商大学
学报，2004（3）：96~100

67 黄海霞．全球战略性新兴产业攻略．瞭望新闻周
刊，2010（9）：56~58

68 黄奇帆．发展战略性新兴产业，解决世界金融危机
出路．重庆日报，2012-04-14

69 黄庆华，刘建徽．重庆市战略性新兴产业发展策略
及其启示．西南大学学报（社会科学版），2012
（2）：167~172

70 贾品荣．培育和发展新兴产业需要知识产权战略．
中国经济时报，2010-10-22

71 姜大鹏，顾新．我国战略性新兴产业的现状分析．
科技进步与对策，2010（17）：65~70

72 蒋志培．TRIPs协议对知识产权的基本保护标准．中
国发明与专利，2008（3）：65~69

73 李明德．知识产权法（第2版）．法律出版社，
2014:162

74 李伟，余翔．中国知识产权保护强度及其评价——
以加入TRIPs协议为中心．科研管理，2013（6）：
138~146

75 李文增，王金杰等．对国内外发展战略性新兴产业
的比较研究．2010年度京津冀区域协作论坛论文
集，313~318

76 李耀新等．战略产业论．黑龙江科技出版社，1991:5

77 连肖．重庆将集中精力发展战略性新兴产业．中国新闻网，2012-04-13

78 路风，张宏音，王铁民．寻求加入WTO后中国企业竞争力的源泉——对宝钢在汽车板市场赢得竞争优势过程的分析．管理世界，2002（2）：110~127

79 吕政．产业政策的制订与战略性产业的选择．北京行政学院学报，2004（4）：28~30

80 马德秀．产学研用合作创新推动战略性新兴产业发展．中国科技产业，2011（1）：16~17

81 毛金生，程文婷．战略性新兴产业知识产权政策初探．知识产权，2011（9）：63~69

82 梅亚平，陆飞．国家科技计划项目知识产权管理政策探讨．研究与发展管理，2001（2）：68~75

83 孟海燕．实施知识产权战略是培育和发展战略性新兴产业的关键．中国发明与专利，2011（9）：17~18

84 苗明杰．战略性产业与国有战略控股公司模式．财经研究，1999（9）：35~39

85 牛立超，祝尔娟．战略性新兴产业发展与主导产业变迁的关系．发展研究，2011（6）：77~81

86 彭金荣，李春红．国外战略性新兴产业的发展态势及启示．改革与战略，2011（2）：167~171

87 漆苏，朱雪忠，陈沁．企业自主创新中的专利风险

评价研究. 情报杂志，2009（12）：1~4

88 齐爱民. 论知识产权保护水平. 苏州大学学报（哲学社会科学版），2010（2）：37~40

89 乔永忠，朱雪忠，万小丽等. 国家财政资助完成的发明创造专利权归属研究. 科学学研究，2008（6）：1182~1187

90 乔永忠，万小丽. 我国国家资助科研项目发明创造归属政策绩效分析. 科技进步与对策，2009（7）：91~94

91 乔永忠，朱雪忠. 利用财政性资金形成科研成果的知识产权问题研究——兼评新修订的《科学技术进步法》第20条和第21条". 科技与法律，2008（6）：21~24

92 曲三强. 被动立法的百年轮回：谈中国知识产权保护的发展历程. 中外法学，1999（2）：12

93 任林. 国家科技计划成果知识产权管理及相关政策. 科学学研究，1999（4）：37~43

94 沈国兵，刘佳. 中国知识产权保护名义水平及实际强度. 上海市社会科学界第六届学术年会论文集（经济·管理学科卷），2008

95 沈坤荣，杨士年. 美国的战略性新兴产业发展趋势及其启示. 群众，2011（8）：76~77

96 宋河发. 专利保护程度评价体系与中美保护程度比较.

科学学研究，2007（4）：646~653

97　孙婷婷，唐五湘．国家科技计划项目知识产权管理政策．北京机械工业学院学报，2003（1）：40~45

98` 孙旭．中国知识产权保护水平与影响因素的实证分析．理论学刊，2010（7）：54~59

99　汤建辉．发展战略性新兴产业亟须知识产权保护．湖北日报，2010-12-11

100　田力普．知识产权是培育和发展战略性新兴产业的关键．经济日报，2012-05-04

101　万钢．把握全球产业调整机遇　培育和发展战略性新兴产业．求是杂志，2010（1）：28~30

102　王九云．论知识产权保护层位的科学评价．中国软科学，2000（11）：61~64

103　王林，顾江．发展中国家的知识产权保护与经济增长：基于跨国数据的实证分析．世界经济研究，2009（5）：48~52

104　王晓磊．重庆：科技支撑战略性新兴产业发展．中国高新技术产业导报，2010-04-19

105　王雪原，王宏起．科技计划项目知识产权管理研究．科学管理研究，2007（6）：105~109

106　魏雪君，葛仁良．区域专利保护评价指标体系构建研究．科技管理研究，2008（8）：252~253

107　温太璞．发达国家战略性产业政策和贸易政策的理

论思考和启示. 商业研究，2001（10）：25~27

108　吴汉东. 知识产权法（第5版）. 法律出版社,2014:41

109　徐朝阳. 技术扩散模型中的发展中国家最优专利保护. 经济学（季刊），2010（2）：509~533

110　许春明，单晓光. 中国知识产权保护强度指标体系的构建及验证. 科学学研究，2008（4）：715~723

111　杨晨，朱国军. 立项阶段国家科技计划知识产权管理的制度创新. 中国科技论坛，2006（2）：48~52

112　杨中楷，柴玥. 我国专利保护水平指标体系构建与评价. 中国科技论坛，2005（2）：76~79

113　姚利民，饶艳. 中国知识产权保护地区差异与技术引进的实证研究. 科学学研究，2009（8）：1177~1184

114　余长林. 知识产权保护与发展中国家的经济增长. 厦门大学学报（哲学社会科学版），2010（2）：51~58

115　俞章云. 德国发展战略性新兴产业的借鉴意义. 浙江经济，2011（23）：40~42

116　袁晓东. 论我国科技项目中的知识产权政策. 科学学研究，2006（1）：36~41

117　张海志. 战略性新兴产业：知识产权引领发展. 中国知识产权报，2012-05-23

118　张鹏. 战略性新兴产业发展的知识产权制度回应.

中国发明与专利，2011（9）：19~24

119 张晓玲，郑友德. 政府科技投入项目成果知识产权归属的原则. 科技与法律，2001（1）：15~20

120 赵建国. 抢占战略性新兴产业知识产权制高点. 知识产权报，2010-02-05

121 赵玉林，张倩男. 湖北省战略性主导产业的选择研究. 中南财经政法大学学报，2007（2）：30~35

122 郑江淮. 理解战略性新兴产业的发展：概念、可能的市场失灵与发展定位. 上海金融学院学报，2010（4）：5~10

123 郑玲，赵小东. 政府资助研发成果知识产权管理制度探析. 知识产权，2006（5）：42~45

124 周旭. 科技支撑重庆战略性新兴产业发展. 决策管理，2010（3）：6~10

125 朱瑞博，刘芸. 战略性新兴产业的培育及其自主创新. 重庆社会科学，2011（2）：45~53

126 朱瑞博. 中国战略性新兴产业培育及其政策取向. 改革，2010（3）：19~28

127 朱雪忠，乔永忠等. 国家财政资助发明创造专利权归属研究. 法律出版社，2009:1~18

128 庄子银，杜娟. 发展中国家知识产权保护的理论与经验分析. 武汉大学学报（社会科学版），2003（3）：451~460

《知识产权专题研究书系》书目